W0191206

MARCO POLO

LAS VEGAS

Reisen mit Insider Tipps

> Las Vegas ist einmalig und unvergleichlich. Ein gigantischer Erlebnispark für Erwachsene mit vielseitigen Angeboten für jeden Geschmack und jedes Bedürfnis.
> *MARCO POLO Autorin*
> *Sabine Stamer*
> (siehe S. 126)

Das passt:
Der MARCO POLO Sprachführer Englisch

Weitere MARCO POLO Titel:
USA Südwest, Kalifornien, Los Angeles, San Francisco

Spezielle News, Lesermeinungen und Angebote zu Las Vegas:
www.marcopolo.de/lasvegas

LAS VEGAS

Circus Circus
Stardust

Treasure Island
o Suites Mirage
Cesar's Palace
alms   Bellagio
Monte Carlo
York-New York
Excalibur
Luxor
Mandalay Bay

The Ve
Flamin
Bally's
Paris-H
Aladdin
MGM G
Tropic

38
37
36

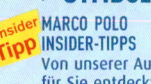

■ DIE BESTEN MARCO POLO INSIDER-TIPPS .... **UMSCHLAG**

■ DIE BESTEN MARCO POLO HIGHLIGHTS 4

■ AUFTAKT 6

■ SZENE 12

■ STICHWORTE 16
■ EVENTS, FESTE & MEHR 20

■ SEHENSWERTES 22
■ ESSEN & TRINKEN 44
■ EINKAUFEN 56
■ AM ABEND 62
■ ÜBERNACHTEN 72
■ MIT KINDERN UNTERWEGS 82

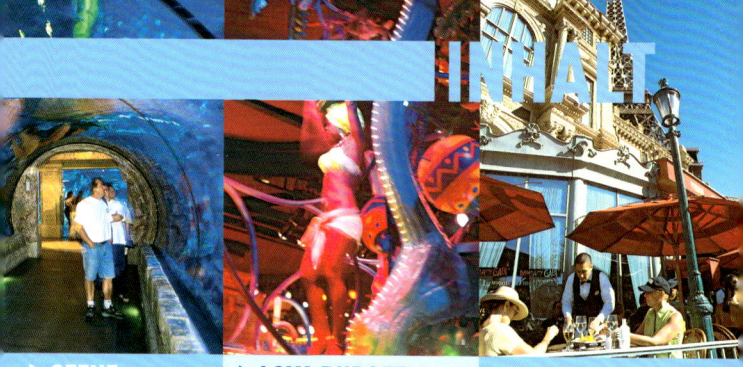

> SZENE

S. 12–15: Trends, Entdeckungen, Hotspots! Was wann wo in Las Vegas los ist, verrät der MARCO POLO Szeneautor vor Ort

> 24 STUNDEN

S. 92/93: Action pur und einmalige Erlebnisse in 24 Stunden! MARCO POLO hat für Sie einen außergewöhnlichen Tag zusammengestellt

> LOW BUDGET

Viel erleben für wenig Geld! Die Low-Budget-Tipps zeigen Ihnen, wo Sie günstig etwas Besonderes bekommen und Geld sparen können:

Kostenfreie Sehenswürdigkeiten S. 33 | Niedrigpreise in Abseitslage S. 53 | Outlet Malls S. 61 | Showkarten zum halben Preis S. 69 | Freitag- und Samstagnacht meiden S. 78

> GUT ZU WISSEN

Der letzte Schrei S. 28 | Golfen in Las Vegas S. 42 | Gourmettempel S. 48 | Spezialitäten S. 54 | Bücher & Filme S. 67 | Luxushotels S. 76 | Buchen im Internet S. 81 | Jeep oder Helicopter? S. 98 | Blogs & Podcasts 102

AUF DEM TITEL
Männer, Pferde und Lassos S. 21
Zockerparadies und Gourmetmetropole S. 44

🟧 LAS VEGAS SPECIAL	....	**84**
🟦 24 STUNDEN IN LAS VEGAS	....	**92**
🟩 AUSFLÜGE & TOUREN	....	**94**
🟦 PRAKTISCHE HINWEISE	....	100
🟦 SPRACHFÜHRER ENGLISCH	....	106
🟨 CITYATLAS LAS VEGAS MIT STRASSENREGISTER	......	110
🟨 KARTENLEGENDE CITYATLAS	....	122
🟦 REGISTER	....	124
🟦 IMPRESSUM	....	125
🟦 UNSERE AUTORIN	....	126
🟥 BLOSS NICHT!	....	**128**

ENTDECKEN SIE LAS VEGAS!

Unsere Top 15 führen Sie an die traumhaftesten Orte und
zu den spannendsten Sehenswürdigkeiten

Die Highlights sind in der Karte auf dem hinteren Umschlag eingetragen

 Luxor
Eine gläserne Pyramide aus 39000
Fenstern, bewacht von einer riesigen,
10 Stockwerke hohen Sphinx und deko-
riert mit unzähligen Hie1roglyphen –
Ägypten zum Greifen nah (Seite 26)

New York-New York
Die Skyline von Manhattan in verkleiner-
tem Maßstab mitten in Nevada, inklusive
der Freiheitsstatue, und rundherum fährt
in rasantem Tempo eine Achterbahn
(Seite 28)

Bellagio
Ein Hotel wie ein italienisches Dorf,
in dem Sie elegant einkaufen, speisen
und Kunstwerke genießen können –
und dazu ein tanzender Springbrunnen
(Seite 30)

Paris Las Vegas
Miniaturversion der Stadt des Lichts. Die
verkleinerte Eiffelturmkopie bietet einen
tollen Ausblick auf das Lichtermeer in der
Wüste (Seite 33)

The Sirens of TI
Piraten gegen Sirenen. Action-Sex-Musi-
cal auf dem Wasser mit gekonnter Akrobatik und Pyrotechnik (Seite 34)

The Venetian
Gondeln Sie zum Markusplatz, lauschen
Sie italienischen Arien und genießen Sie
luxuriöse Suiten (Seite 35)

Wynn Las Vegas
Ein gigantischer Luxuspalast mit Wasser-
fall, Lagune und einem eigenen, saftig
grünen Golfplatz (Seite 38)

> DIE BESTEN MARCO POLO HIGHLIGHTS

 Alizé
Besser speisen als Gott in Frankreich mit Blick auf das flackernde Las Vegas und die Wüste (Seite 48)

House of Blues Gospel Brunch
Gospelbrunch am Sonntagmorgen, Livekonzerte am Abend und dann so richtig abrocken am Wochenende (Seite 49)

Forum Shops at Caesars
Einkaufen unter mittelmeerblauem Himmel, vorbei an römischen Säulen und Brunnen (Seite 59)

Rain
Dancing mit phantastischen Feuer- und Wasserspielen an der Tanzfläche (Seite 66)

 Red Square
Ausgefallene Bar und Restaurant mit kommunistischer Propagandakunst und riesigem Eisblock als Theke (Seite 66)

 Elton John
Regelmäßig setzt sich der Weltstar an sein rotes Piano im Caesars Palace (Seite 69)

O
Tänzer, Akrobaten und Clowns glänzen in der Wassershow des Cirque du Soleil im Bellagio (Seite 71)

 Zumanity – Another Side of Cirque du Soleil
Erotische Show der tierischen Gelüste mit Niveau und Pfiff (Seite 71)

WAS FÜR EINE STADT!

Las Vegas

> Mögen Sie New York, Paris, Venedig, oder zieht es Sie eher nach Ägypten? Vom weißen Tiger bis zum ausbrechenden Vulkan, von Picasso-Gemälden bis zu Madame Tussauds Wachsfiguren, von skurril bis stilvoll – in Las Vegas finden Sie geballte Unterhaltung der unterschiedlichsten Art auf einem Fleck. Selbst die Hotels sind phantasievoll gebaute Vergnügungszentren, jedes mit zig Restaurants, Bars und Boutiquen und mindestens einer eigenen Show. Wenn Sie ein Kontrastprogramm zum Alltag suchen, sind Sie in dieser Glitzerstadt mitten in der Wüste genau richtig!

> Millionen Besucher überfluteten jährlich die glitzernde Metropole mitten in der Mojave-Wüste – doch mit der weltweiten Finanzkrise nimmt die Zahl der Besucher ab. Die meisten bleiben nur drei bis vier Nächte. Nicht wenige kommen regelmäßig wieder, gönnen sich ein paar Tage Auszeit vom normalen Leben, fordern das Glück heraus, zocken, gewinnen, verlieren, besuchen die aufwendigen Shows, verbringen die Nächte in heißen Clubs und coolen Bars. Oder sie entspannen in Pools und Spas, gehen gut essen und lassen sich einfach beflimmern von den unzähligen Neonlichtern auf dem Strip und downtown.

Las Vegas bietet billig gemachten Nepp ebenso wie niveauvolle Unterhaltung. Die mit modernster Technik auf die Bühne gebrachten *production shows* sind ein Erlebnis, das alle Sinne anspricht. Eine ganze Reihe von Museen und Galerien, zum Teil in den Kasinos selbst, stellen Werke weltweit bekannter Künstler aus. Und viele Restaurants inspirieren zugleich Gaumen wie Augen.

> Billiger Nepp und niveauvolle Unterhaltung

Las Vegas war lange die am schnellsten wachsende Stadt Amerikas. Angelockt von unendlich scheinenden Verdienstmöglichkeiten in der Touristenindustrie, entschieden sich jährlich rund 80 000 Menschen, ins *Clark County* (Las Vegas und unmittelbare Umgebung) zu ziehen. Da kursieren Geschichten von Taxifahrern, die Millionen machen, und Hotelportiers, die sich goldene Nasen und große Villen verdienen. Nun fürchten manche schon, aus der Boomtown könnte aufgrund der Wirtschaftskrise eine Geisterstadt werden.

1905 wird das eigentliche Las Vegas (spanisch: die Auen) gegründet, aufgrund seiner Wasserressourcen mitten in der Wüste eine ideale Raststätte an der Eisenbahnlinie, die Südkalifornien mit Utah verbindet. Es ist ein Anziehungspunkt für viele Arbeiter, die ihr Glück in den Blei- und Silberminen suchen, und vor allem für Tausende, die am 60 km entfernten Hoover Dam ackern. Die meist als Single angereisten Männer suchen Ablenkung. Es wird kein Zufall gewesen sein, dass man – nach mehrmaligem Hin und Her – das Glücksspiel in Nevada 1931 legalisiert hat.

Während ganz Amerika mit der großen wirtschaftlichen Depression kämpft, erlebt Las Vegas (mit gut 5000 Einwohnern im Jahr 1931, 8500 im Jahr 1940) seinen ersten Boom. Der Zweite Weltkrieg bringt mit der Rüstungsindustrie, die hier genügend Platz, Wasser und billige Energie vorfindet, neue Einwohner und Einnahmequellen, aber auch Gefahren: Zehn Jahre lang finden überirdische Atomtests nur knapp 120 km von der Stadt entfernt statt. Doch Kasinobetreiber und -kunden lassen sich davon kaum beeindrucken.

> Ein Mafiakrieg entbrennt um die Kasinoprofite

Wie könnte der *Mob* (die amerikanische Mafia) dieses lukrative Städtchen einfach links liegen lassen? Um die Kasinoprofite entbrennt ein Bandenkrieg zwischen den Nachfolgern von Al Capone und Lucky Luciano, den Mafiaclans aus Chicago und New York. Der berühmt-berüchtigte Benjamin („Bugsy") Siegel eröffnete 1946 mit Stargast Frank Sinatra das *Flamingo*, das erste pompöse Edelkasino auf dem *Strip*, damals noch Highway

mit Frank Sinatra, Dean Martin und Sammy Davis jr. Ab jetzt kontrolliert auch eine Kommission das Glücksspiel und vergibt Lizenzen. Der Staat sagt dem organisierten Verbrechen den Kampf an. Jahrzehntelang ermittelt das FBI gegen die Verbrechersyndikate. In den 70ern fliegen meh-

Willkommen in Las Vegas, dem glitzernden Abenteuerspielplatz für Erwachsene

91 und Hauptverkehrsader nach Los Angeles. Das *Flamingo* erweist sich zunächst als totale Pleite und „Bugsy" wird von einem Killer erledigt.

Mitte der 1950er-Jahre beginnt die Zeit des glamourösen Entertainments, für das Las Vegas so bekannt ist, die Zeit mit Elvis Presley und Liberace (dem in Amerika berühmten, in Deutschland kaum bekannten Klaviervirtuosen), die Zeit des *Rat Packs*

rere Hintermänner auf, die verdeckt Zinsen aus Kasinoeinnahmen kassierten. Einige Politiker geraten in Verdacht, mit dem Mob gemeinsame Sache gemacht zu haben. Und noch in den 80ern gehen eine Reihe von Morden in der Gegend eindeutig auf das Konto der Mafia.

Downtown, in der Fremont Street, können Sie noch erahnen, wie das alte Vegas einmal war, als das uneingeschränkte Hauptvergnügen im verruchten Glücksspiel bestand, dabei trinken und rauchen, hinterher bezahlter Besuch bei einer Dame. Heute hat Las Vegas seine Unterhaltungspalette erweitert. Zwar kommen noch immer die meisten zum Spielen, wird hier weit mehr getrunken und gepafft, gibt es mehr und offenere (obwohl verbotene) Prostitution als in anderen amerikanischen Städten. Doch selbst Urlauber, die all diesen Lastern nicht frönen, kommen auf ihre Kosten.

> **Immer höher, immer gewaltiger wurden die Kasinos**

Immer höher, immer gewaltiger wurden die Kasinos. 1973 war das *MGM* mit 2100 Zimmern das größte Hotel der Welt. 1990 wurde es das *Excali-bur* mit 4032 Zimmern, bis ihm 1994 das neue *MGM Grand* mit über 5000 Zimmern den Rang streitig machte. Fast jährlich erweiterte sich bisher mindestens eins der Riesenkasinos um einen neuen Turm für tausend weitere Gäste. Dabei gehören die meisten Hotelriesen zu großen Konsortien, die vier, fünf oder noch mehr solcher Kasinos ihr Eigen nennen.

So manches Bauprojekt wurde nun aufgrund des wirtschaftlichen Niedergangs erst mal gestoppt. Nicht nur die Finanzkrise gefährdet die Entwicklung der Stadt. Las Vegas wird – wie der gesamte Südwesten der USA – existenziell bedroht durch eine anhaltende Dürre. Am Hoover Dam, der den größten künstlichen See Amerikas, den Lake Mead, staut, stehen die Abflusskanäle leer. Der See selbst ist

In Las Vegas wurde Elvis zum „King", zu bewundern ist hier auch noch sein Cadillac von 1951!

bereits um die Hälfte reduziert, über 30 Jahre lag der Wasserspiegel nicht so tief wie heute. Niederschläge, die normalerweise den Colorado auffüllen, sind seit nunmehr einer Dekade äußerst spärlich. Dabei muss der Fluss immer mehr Menschen mit Wasser und Energie versorgen. Nur ein kleiner Prozentsatz wird in das unmäßig verschwenderische Las Vegas gepumpt, der Löwenanteil des Colorado-Wassers dient der Landwirtschaft zur Fruchtbarmachung trockenen Wüstenbodens für die Millionen von Zuwanderern, die sich über ihre langfristige Versorgung keine Gedanken machten. Jetzt läuten die Alarmglocken: Fällt der Wasserstand weiter so drastisch, muss der Hoover Dam seine Turbinen und damit die Stromversorgung abstellen. Eine Katastrophe für alle angrenzenden Bundesstaaten, unter ihnen Kalifornien, Arizona und Nevada.

Las Vegas hat nun Maßnahmen ergriffen, recht drastische sogar. Es herrscht „Dürrealarm" mit strengen Auflagen für die Bewässerung von Rasenflächen, das Waschen von Autos und den Betrieb von Zierbrunnen. Neubauten dürfen nur noch ein begrenztes Maß an Grünflächen aufweisen, der Bau neuer Swimmingpools ist verboten. Noch bleiben die Touristen weitgehend von den Beschränkungen verschont. Auf dem Strip und downtown wird (mit Ausnahmegenehmigung) weiterhin hemmungslos geprasst, planschen Tausende täglich in dem kostbaren Nass, flimmern die Lichter Tag und Nacht. Keiner glaubt den Kassandrarufen – oder besser gesagt, hierher kommt man nicht, um apokalyptischen Reden zu lauschen. Und die meisten, die sich der *Sin City*, der Stadt der Sünden, mit skeptischem Stirnrunzeln näherten, sind am Ende doch der außergewöhnlichen Verführungskraft der phantastischen Glitzerwelt erlegen. Das Angebot der Spielermetropole ist einfach zu überwältigend.

> **What happens in Las Vegas, stays in Las Vegas**

Daher lautet die aktuelle Devise: „What happens in Las Vegas, stays in Las Vegas." Hier können Sie also jedem Laster verfallen, ohne dass es woanders jemand erfährt. Umgekehrt könnte man auch sagen: Wer in Las Vegas Urlaub macht, hat zu Hause unendlich viel zu erzählen.

▶▶ TREND GUIDE LAS VEGAS

Die heißesten Entdeckungen und Hotspots!
Unser Szene-Scout zeigt Ihnen, was angesagt ist.

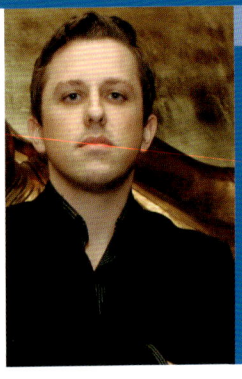

Mike Snedegar

Unser Szene-Scout arbeitet in der Entertainmentbranche. Er betreut VIPs und organisiert Events für Clubs wie *Tao* oder *Lavo* und ist deswegen immer auf der Suche nach den neuesten Trends und Hotspots der Stadt. Er liebt die vielen Möglichkeiten, die Las Vegas in Sachen Lifestyle bietet, und ist fasziniert von der Schnelllebigkeit und Anziehungskraft der Metropole.

▶▶ ROCK IS BACK

Die neuen Rebellen

Es wird wieder gerockt in Vegas: Die Musikszene erwacht dank des Erfolgs der Bands *The Killers* und *Panic at the Disco* zu neuem Leben. Mit ihrer Mischung aus Pop und Rock bringen *Air Raid Anthem* regelmäßig ihre Fans zum Tanzen, Toben und Mitsingen *(www.myspace.com/airraidanthem*, Foto*)*. Die drei Jungs von *Think* setzen auf melodischen Pop-Rock mit viel Energie *(www.myspace.com/thinktheband)*. Schönheit und Rockmusik verbindet die *Beauty Bar*. In dem skurrilen Schönheitssalon gibt es immer wieder Konzerte, bei denen sich vielversprechende Rock 'n' Roller auf der Bühne beweisen können *(517 Fremont Blvd., www.beautybar. com)*. An den Wochenenden geht es dank rockiger Live-Gigs im *Wasted Las Vegas* richtig heiß her *(4455 Paradise Rd., www.hartswastedspace.com)*.

SZENE

▶▶ ZOCKERFREIE ZONE

Hotels ohne Kasino

„Rien ne va plus" – nichts geht mehr in Sachen Kasinos! Die gerade eröffneten Hotels in der Glitzermetropole setzen einen Gegentrend und verzichten seit Neuestem auf Roulettetische und Spielautomaten. *The Artisan Hotel* kommt komplett ohne den Tumult eines Kasinos aus und setzt stattdessen auf opulentes Ambiente und echte Kunstwerke von Cézanne, Renoir & Co. an den Wänden *(1501 W. Sahara Ave., www.theartisanhotel.com)*. Nicht nur kasino-, sondern auch rauchfrei ist das *Platinum Hotel (211 E. Flamingo Rd., www.theplatinumhotel.com)*. Das *Renaissance Las Vegas* gibt sich elegant und kultiviert abseits des hektischen Treibens des Strip *(3400 Paradise Rd., www.renaissancelasvegas.com, Foto)*.

▶▶ DISC-GOLF

Ab in den Korb

Eine Frisbee und einen Korb – mehr braucht man nicht für Disc-Golf, den Sport der Stunde. Gespielt wird wie beim Golf auf einem Parcours, der jedoch statt Löchern Metallkörbe aufweist. Ziel ist es, die Frisbeescheibe mit so wenig Würfen wie möglich in die Körbe zu befördern. Gespielt wird im *Mountain Crest Park (Durango Rd.)* und im *Sunset Park (Sunset Rd., Ecke Eastern Ave.)* zwischen Palmen, Pappeln und Pinien und mit Beleuchtung für abends. *Sin City Disc Golf (www.sincitydiscgolf.com)* und der *Las Vegas Disc Golf Club (www.lvdiscgolf.com)* organisieren Amateurwettbewerbe und Events.

▶▶ NEUE LUXUSCLUBS

Sündhaft feiern

Mit immer neuen und immer glamouröseren Nachtclubs hält Sin City seine Gäste bei Laune. In dunklen Tönen verführerisch eingerichtet und mit antiken Porträts an den Wänden erinnert *CatHouse* an ein europäisches Adelshaus aus dem 19. Jh. *(3900 S. Las Vegas Blvd., www.cathouselv.com)*. Im *XS* Nightclub tanzt man unter einem riesigen Kronleuchter oder lounged auf schicken Daybeds rund um den Pool *(Encore Tower, Wynn, 3131 S. Las Vegas Blvd., www.xslasvegas.com,* Foto)*. Mit seinem luxuriösen Interieur, das einer antiken Thermenlandschaft gleicht, ist *Lavo* im Nu zum Promi-Hotspot Nr. 1 avanciert *(3327 S. Las Vegas Blvd., www.lavolv.com)*. Ebenfalls beliebt: *Privé* im *Planet Hollywood Resort & Casino (3667 S. Las Vegas Blvd., www.privelv.com)*.

▶▶ KUNSTVOLL

Downtown kreativ

Dass Las Vegas mehr zu bieten hat als nur blinkende Neonlichter, beweist das Künstlerviertel 18b. Hier im Las Vegas' Arts-District siedeln sich Kreative an und eröffnen Galerien, außergewöhnliche Läden und Restaurants. Das Herz ist die *Arts Factory*, die eine hervorragende Mischung aus Kunst und Design beherbergt *(101 bis 107 East Charleston Blvd., www.theartsfactory.com,* Foto)*. Das Top-Event ist der *First Friday Las Vegas*: Wenn jeden ersten Freitag im Monat die Ateliers und Studios ihre Türen öffnen, die Straßen gesperrt werden und Bands und Feuerschlucker performen, verwandelt sich Downtown in eine riesige Open-Air-Partylocation *(www.firstfriday-lasvegas.org)*.

▶▶ GLAMOURTANZ

New Burlesque

Dita von Teese hat die hohe Kunst des Burlesque berühmt gemacht: In phantasievollen Kostümen räkelt sie sich in übergroßen Martinigläsern oder performt mit Federfächern. In Las Vegas buhlen nun Promis darum, sich in Shows selbst stilvoll entblättern zu dürfen. So treten bei den Shows in der *Pussycat Dolls Lounge* immer wieder Überraschungsgäste wie Eva Longoria und Paris Hilton auf *(3570 S. Las Vegas Blvd., www.pcdlounge.com)*! Weiterer Hotspot: *Ivan Kane's Forty Deuce Nightclub (Mandalay Bay, 3930 S. Las Vegas Blvd., www.fortydeuce.com*, Foto*).*

▶▶ GOURMET-FAST-FOOD

Fastfood wird salonfähig

In Las Vegas geht's dem schlechten Ruf von Burger, Pizza und Taco an den Kragen. Bei den Luxusvarianten kommen hochwertige Zutaten zum Einsatz. *Le Burger Brasserie* im *Paris Las Vegas* ist bekannt für Burger aus Lamm *(3655 S. Las Vegas Blvd., www.parislasvegas.com).* Bei *Sammy's* werden Gourmetpizzen mit Kobe-Rind-Hack serviert *(6500 W Sahara Ave., www.sammyspizza.com).* Der Hit bei *Stack* im *The Mirage* sind Hummer-Tacos mit Mango-Wasabi *(3400 S. Las Vegas Blvd., www.mirage.com).* Und VIP-Koch Hubert Keller hat gerade die *Burger Bar* eröffnet *(Mandalay Bay, 3930 S. Las Vegas Blvd., www.fleurdelyssf.com).*

▶▶ GRÜNE HOCHZEITEN

Biologisch korrekt

Wer seinen schönsten Tag im Leben nicht nur außergewöhnlich, sondern auch nachhaltig und biologisch feiern möchte, der ist in der Hochzeitsmetropole genau richtig! Die perfekte Eco-Chic-Ceremony unter freiem Himmel organisiert das *Mandalay Bay* vom nachhaltigen Brautstrauß bis zum Biowein *(3950 S. Las Vegas Blvd., www.manda laybay.com).* Ein saisonales Biohochzeitsmenü gibt's bei *Wolfgang Puck Catering* – auf Wunsch auch vegan *(333 S. Valley View Blvd., www.wolfgangpuck.com).* Umweltfreundlich und luxuriös geht's mit den Stretchlimousinen von *Earth Limos & Buses*, die mit Hybridmotor oder Biodiesel fahren, zum Ringwechsel *(2901 S. Highland Drive, # 2E, www.earthlimos.com).*

MUSIKER, SPEKULANTEN & MILLIONÄRE

Die Unterhaltungsmetropole bietet fruchtbaren
Boden für Karrieren der unterschiedlichsten Art

INVESTOREN & SPEKULANTEN

Howard Hughes, einer der ersten
großen nichtmafiosen Geschäftsmän-
ner, ebnete mit den Weg, dass auch
Aktiengesellschaften Kasinos betrei-
ben dürfen, ohne dass jeder Aktionär
eine Lizenz vorweisen muss. Er galt
als ein eigenwilliger, exzentrischer
Typ mit tausend Krankheiten, der sich

mit seinem Gefolge in den Luxus-
suiten des alten *Desert Inn* einquar-
tierte und dieses kurzerhand aufkauf-
te, als der Besitzer ihn als Gast
loswerden wollte. 1970 verließ er
die Stadt, wie er gekommen war: auf
einer Krankenbahre.

Kirk Kerkorian, der Sohn arme-
nischer Einwanderer – heute einer
der reichsten Männer Amerikas –,
absolvierte eine unglaubliche Tellerwäscherkarriere: Nach der achten

Bild: Las Vegas Monorail

STICH WORTE

Klasse verließ er die Schule, übernahm Gelegenheitsjobs, lernte fliegen, meisterte gefährlichste Flüge für die britische Royal Airforce und machte sich in Las Vegas ab 1945 einen Namen als *high roller* (Spieler mit hohen Einsätzen). Offensichtlich nicht vom Pech verfolgt, blieb ihm genug Kapital, um mehrere Hotels in Las Vegas zu bauen, darunter das alte *MGM* und das neue *MGM Grand*.

Steve Wynn, der frühere Besitzer des *Golden Nugget,* ließ auf dem Strip das *Mirage, Treasure Island* und das *Bellagio* errichten. Sein bisher teuerstes Luxuskasino, das *Wynn Las Vegas*, wurde 2005 eröffnet. Er selbst kam niemals mit dem Gesetz in Konflikt, aber mehrere seiner ursprünglichen Mitarbeiter hatten Verbindungen zur amerikanischen Mafia, und seine Methoden waren nicht unbedingt die feinsten.

PAIUTE-INDIANER

Bevor weiße Siedler das Land, auf dem später Las Vegas entstehen sollte, in Besitz nahmen, wurde es vom

Las Vegas, die schrill leuchtende Neon-City

Nomadenvolk der Paiute bevölkert, einem friedlichen Indianerstamm.

Innerhalb weniger Jahrzehnte des 19. Jhs. wurden die Paiute von den einwandernden Weißen vertrieben, durch Krankheit und Elend in rasantem Tempo dezimiert. Die verbliebenen Paiute leben heute im Wesentlichen vom Verkauf von Zigaretten und Zigarren, selbst geflochtenen Körben, Schmuck und anderen kunsthandwerklichen Artikeln, zu kaufen in der *Las Vegas Paiute Commercial Plaza (1225 N. Main St)*. 1995 wurde

Snow Mountain, das erste Golfresort auf Paiute-Land, eröffnet *(10325 Nu-Wav Kaiv Blvd.)*.

PROSTITUTION

Auch wenn Las Vegas ein ganz anderer Ruf vorauseilt: Prostitution ist hier verboten. Natürlich heißt das keineswegs, dass es keine Prostituierten gibt. Im Gegenteil: Sie können kaum den Strip rauf- und runtergehen, ohne dass Ihnen nicht mehrmals eine Gruppe (meist illegal eingewanderter) Latinos Visitenkarten mit nackten Mädchen und ihren Telefonnummern in die Hand drückt. Zwar sollen die Karten den Eindruck einer ganz persönlichen Kontaktaufnahme machen, doch handelt es sich vielmehr um organisierte Zuhälterei. Vorbei sind jedoch die Zeiten, wo der Portier alles vermittelte (Damen und Drogen) und dafür Prozente kassierte. Mitte der 1980er-Jahre hoben Polizei und Staatsanwaltschaft dieses Kuppelsystem aus den Angeln. Seither herrschen die Regeln des freien (verdeckten) Marktes. Bordelle aus dem Umkreis versuchen, die Marktlücke zu füllen und schicken Limousinen in die Stadt, um ihre Kundschaft abzuholen. Denn außerhalb von Clark County ist Prostitution nicht verboten.

THE RAT PACK

Sie waren Männer in ihren 30er- und 40er-Jahren und benahmen sich wie wild gewordene Teenager, machten die Nächte durch mit Alkohol und immer anderen Frauen. Doch stets sahen die Jungs – Frank Sinatra, Sammy Davis jr., Dean Martin, Peter

Lawford und Joey Bishop – dabei aus wie aus dem Ei gepellt: gestärkte weiße Kragen, maßgeschneiderte Anzüge, feinstes Eau de Cologne und nicht zu vergessen: die Hüte. Im *Sands*, das für den Bau des *Venetian* abgerissen wurde, begeisterte das Rat Pack ab 1959 allabendlich das Publikum – bis 1967 ein Streit zwischen Sinatra und dem Kasinoboss die Ära beendete.

Die unterhaltsamen Musiker waren John F. Kennedy eng verbunden. In einer Zeit der sozialen Erstarrung und des politischen Konservativismus brachten sie Leben in die Bude und wurden so zu einer Legende.

SCHWARZES VEGAS

Zwar gehörten Musiker wie Louis Armstrong, Nat King Cole und Sammy Davis jr. in den 1940er- und 50er-Jahren zu den beliebtesten Unterhaltungsstars in Las Vegas, doch mussten sie Konzerthallen durch die Hintertür betreten – weil sie schwarz waren. Sie bekamen Pappbecher statt richtiger Gläser und durften sich in den Kasinos und Restaurants nicht frei bewegen oder gar in den Hotels auf dem Strip übernachten.

1955 eröffnete das *Moulin Rouge*, das erste vorwiegend schwarze Hotelkasino. Es war sofort ein voller Erfolg, seine nächtlichen Shows waren bestens besucht. Und trotzdem stellte es nach nur fünf Monaten den Betrieb ein. Warum ist bis heute nicht geklärt. Vermutet wird, dass Kasinobetreiber vom Strip und Downtown mit Druck und Verlockungen nachgeholfen haben. Heute ist das *Moulin Rouge* ein historisches Denkmal *(900 W. Bonanza Rd.)*.

> DAS KLIMA IM BLICK
Handeln statt reden   atmosfair

Reisen bereichert und verbindet Menschen und Kulturen. Jedoch: Wer reist, erzeugt auch CO_2. Dabei trägt der Flugverkehr mit bis zu 10% zur globalen Erwärmung bei. Wer das Klima schützen will, sollte sich somit nach Möglichkeit für die schonendere Reiseform (wie z.B. die Bahn) entscheiden. Wenn keine Alternative zum Fliegen besteht, so kann man mit *atmosfair* handeln und klimafördernde Projekte unterstützen.

atmosfair ist eine gemeinnützige Klimaschutzorganisation.

Die Idee: Flugpassagiere spenden einen kilometerabhängigen Beitrag für die von ihnen verursachten Emissionen und finanzieren damit Projekte in Entwicklungsländern, die dort helfen, den Ausstoß von Klimagasen zu verringern. Dazu berechnet man mit dem Emissionsrechner auf *www.atmosfair.de* wie viel CO_2 der Flug produziert und was es kostet, eine vergleichbare Menge Klimagase einzusparen (z.B. Berlin–London–Berlin: ca. 13 Euro). *atmosfair* garantiert, unter der Schirmherrschaft von Klaus Töpfer, die sorgfältige Verwendung Ihres Beitrags. Auch der MairDumont Verlag fliegt mit *atmosfair*.

Unterstützen auch Sie den Klimaschutz: *www.atmosfair.de*

LANGEWEILE AUSGESCHLOSSEN
Ob bei Jazz und Folk, Rodeo und Golf, Karneval und Halloween

■ OFFIZIELLE FEIERTAGE ■

Behörden, Schulen, Büros, viele Museen und Geschäfte abseits von Strip und Fremont Street sind geschlossen am: **1. Jan.** *New Year's Day;* **Ostermontag; 4. Juli** *Independence Day;* **4. Donnerstag im Nov.** *Thanksgiving;* **25. Dez.** *Christmas* Behörden und Schulen sind geschlossen, Geschäfte und die meisten Museen aber sind geöffnet am: **3. Montag im Jan.** *Martin Luther King Day;* **3. Montag im Feb.** *President's Day;* **letzter Montag im Mai** *Memorial Day;* **1. Montag im Sept.** *Labor Day;* **2. Montag im Okt.** *Columbus Day;* **11. Nov.** *Veteran's Day*

■ FESTE UND FESTIVALS ■

Februar
Chinese New Year: Löwen und Drachen, Tanz, Akrobatik und asiatisches Essen. *Chinatown Plaza | 4255 Spring Mountain Rd. | www.lvchinatown.com*
Mardi Gras: Paraden und Straßenfeste mit Livemusik in der *Fremont Street Experience.* Infos: *Tel. 702/678-57 77*

März
St. Patrick's Day: Parade und Blockparty am 17. März, dem Namenstag des irischen Schutzheiligen St. Patrick; grüne Kleidung – wenigstens ein grüner Hut –, und schon gehören Sie dazu. *Downtown | Tel. 702/678-57 77 | www.vegasexperience.com*

April
☼ *City of Lights Festival:* großes Jazzfestival mit Blick auf den erleuchteten Strip. *Hills Park | Summerlin, im Nordwesten von Las Vegas | Tel. 1-800-834 27 | www.yourjazz.com*
Epicurean Affair: veranstaltet von der *Las Vegas International Hotel and Restaurant Show* jeweils in einem der Megahotels; ein kulinarisches Ereignis mit guten Weinen und Leckerbissen, zubereitet von den besten Köchen der Stadt. *www.nvrestaurants.com*
UNLVino Grand Tasting: eintägige Weinprobe als Collegekurs der Uni, geplant von Studenten, besucht von unzähligen Weinliebhabern; große Spendensamm-

> EVENTS
FESTE & MEHR

lung für Stipendien, in einem der großen Hotels. *Infos: Tel. 702/876-45 00 | www. unlvino.com*

Frühling und Herbst
NHRA Nationals: die weltweit besten Motorsportler auf der *Las Vegas Motor Speedway. www.lvms.com*

Mai/Juni
Jazz in the Park: kostenlose Jazzkonzerte im *Clark County Amphitheatre. 500 S. Grand Central Parkway | Tel. 702/455-82 00 | www.accessclarkcounty. com/parks/*

Insider Tipp

Juni
Reggae in the Desert: karibische Rhythmen, Getränke und Essen. *www. reggaeinthedesert.com*
Stars und Sternchen bevölkern Luxushotels und Restaurants während des Filmfestivals *Cinevegas.* Meist zweite Juni-Woche. *www.cinevegas.com*

Insider Tipp

Juli
Red White & Boom am Independence Day (4. Juli): Konzerte, Picknick, Spiele und Feuerwerk im *Desert Breeze Park. 8425 Spring Mountain Rd. | www.redwhiten boom.com*

Oktober
Halloween : Spukhäuser und Gespensterpartys – in Las Vegas immer etwas Besonderes. *www.vegas.com*
Las Vegas Invitational: jährlicher Golfwettbewerb. *www.pgatour.com*
Shakespeare in the Park: Open-Air-Shakespeare-Stücke. *Henderson Pavillion | Green Valley | Tel. 702/267-40 00 | www.cityofhenderson.com/parks/*

Insider Tipp

Dezember
National Finals Rodeo : Zehn Tage lang wird Las Vegas zur Cowboystadt. *Thomas & Mack Center | 4505 Maryland Parkway | Tel. 1-800-739 03 39 | www.nfr-rodeo.com/*
New Years Eve: Silvesterfeier mit Pauken, Trompeten und Feuerwerk

Insider Tipp

> HOTELS ALS SCHAUOBJEKTE

In der Stadt der Abziehbilder und Dubletten sind der Phantasie keine Grenzen gesetzt

> Das gibt es wohl an keinem anderen Touristenziel: Die Hauptattraktionen sind die Hotels selbst.

Schon die ersten Hotelkasinos, die nach der Legalisierung des Glücksspiels in Nevada entstanden, wurden durch ihre prunkvolle Ausstattung zu Sehenswürdigkeiten. Die Fremont Street und einige Hotels auf dem Strip vermitteln noch einen Eindruck davon, wie es früher in der Spielerstadt zuging: The Riviera zum Beispiel, auch das etwas pompösere Tropicana, das sich den neuen Trends nicht ganz entzogen hat – sie alle wurden in den 1950er-Jahren eröffnet. Die in den 80er- und 90er-Jahren entstandenen gigantischen Themenhotels locken heute nicht nur das gewöhnliche Spielerpublikum an. Manhattan-Skyline, Eiffelturm und Canal Grande in Miniaturausgabe: Las Vegas ist die Stadt der perfekten Fälschungen und Plagiate. Auch wenn es manchmal

Bild: Wasserspeiender Vulkan vor dem Mirage

SEHENS
WERTES

heißt, Geld töte die Phantasie, diese Stadt beweist das Gegenteil. Weiße Tiger, Hammerhaie, Achterbahnen rund ums Hotel, echte Gemälde von Monet und Renoir, Trapezkünstler über den Spieltischen, der Comer See mitten in der Wüste – wer glaubt, nun habe er alles gesehen, wird schon im nächsten Kasino neue Überraschungen erleben.

In jedem der großen Hotels könnten Sie sich tagelang umsehen und amüsieren, ohne dass es Ihnen an irgendetwas fehlen würde. Denn jedes bietet Dutzende von Geschäften, Restaurants aller Kategorien, sorgsam, oft exotisch bepflanzte Gartenanlagen, gut ausgestattete Fitnessstudios, manchmal auch Tennisplätze, exquisite Wellnessbereiche, großzügige Pools (Benutzung leider nur für Hotelgäste, aber hier und da kann man wenigstens einen Blick darauf werfen – auch das lohnt sich), Bars,

Die Karte zeigt die Einteilung der interessantesten Stadtviertel. Bei jedem Viertel finden Sie eine Detailkarte, in der alle beschriebenen Sehenswürdigkeiten mit einer Nummer verzeichnet sind

Shows und mindestens eine besondere Attraktion. Höher, besser, größer, schneller heißt die Devise der Stadt. Kein Wunder, dass gerade hier die aufregendsten Vergnügungsfahrten *(rides)* und die fortgeschrittensten Imax-Kinos zu finden sind.

Auch im Bereich der bildenden Künste versucht die Stadt der Gigas und Megas mitzuhalten. In der Bellagio Gallery of Fine Art, den Centaur Art Galleries und im neuen City Center sind weltbekannte Gemälde von Tizian oder Henri Matisse, Roy Lichtenstein und Andy Warhol zu finden.

Einige Museen informieren über die Geschichte der Stadt und des Glücksspiels, zeigen die Entstehung der ersten Glitzerpaläste in der Wüste, huldigen großen Namen wie beispielsweise Liberace, die mit der Entstehung dieser Oase eng verbunden sind. Wieder andere präsentieren Kuriositäten und Devotionalien aus dem Entertainment, von maßgefertigten Limousinen bis hin zu prachtvollen Gewändern und Elvis Presleys berühmten *blue suede shoes.* Wagen Sie einen Blick aufs Kuriose!

Zum Beeindruckendsten, was Las Vegas zu bieten hat, gehört der Blick von einem der ❋ Aussichtstürme auf die Stadt – im Hintergrund Berge und Wüste. Ein überwältigender Kontrast, zumal wenn die Sonne langsam sinkt und die Lichter nach und nach angehen. Auch wenn Las Vegas die Stadt der Imitationen ist, so etwas haben Sie noch nie gesehen!

Die meisten Sehenswürdigkeiten befinden sich direkt auf dem Strip. Zwar liegt hier ein Hotel direkt neben dem anderen, doch täuschen Sie sich nicht: Die Kasinoanlagen sind meist so riesig, dass ein kleiner Besuch im Nachbargebäude zum langen Fußmarsch ausarten kann. Trotzdem bleiben die eigenen Beine oft das beste Fortbewegungsmittel. Erstens entgeht Ihnen so nichts, und zweitens bleiben fast alle anderen Transportmittel (Taxi, Trolley, Bus) im ständig stockenden Verkehr stecken. Eine empfehlenswerte Alternative für längere Entfernungen ist die Monorail.

Zu Ihrer Orientierung: Der *Las Vegas Boulevard* verläuft vertikal ungefähr durch die Mitte der Stadt. Er ist unterteilt in *North* und *South*. Der Strip ist ein Teil des südlichen Boulevards, deshalb die häufige Anschrift *S. (= South) Las Vegas Blvd.* Der Übersichtlichkeit halber haben wir den insgesamt gut 6 km langen Strip dreigeteilt und Downtown extra beschrieben.

SÜDLICHER STRIP

> Immer weiter dehnt sich der Strip aus. Südlichstes Megahotel ist zurzeit das Mandalay Bay. Der hier beschriebene Abschnitt reicht von der West Russel Road bis zur East Harmon Avenue.

MARCO POLO HIGHLIGHTS

★ **Luxor**
Phantastisch konstruierte Glaspyramide (Seite 26)

★ **New York-New York**
Das Empire State Building, die Brooklyn Bridge und eine rasante Achterbahn (Seite 28)

★ **Bellagio**
Patrizier-Eleganz und uneingeschränkter Komfort am See (Seite 30)

★ **Mirage**
Ein dampfender Vulkan, Tiger und Delphine (Seite 33)

★ **Paris Las Vegas**
Französischer Schick unterm Eiffelturm (Seite 33)

★ **The Sirens of TI**
Schiffsuntergang auf dem Strip (Seite 34)

★ **The Venetian**
Großzügiger Luxus am Canal Grande (Seite 35)

★ **Aussichtsplattform des Stratosphere**
Sagenhafter Blick vom 108. Stockwerk (Seite 36)

★ **Wynn Las Vegas**
Gold und Reichtum zwischen Wasserfällen und Lagunen (Seite 38)

★ **Liberace Museum**
Die schillernden Besitztümer des skurrilen Entertainers Liberace (Seite 41)

1 CITY CENTER [114 B5]

Eine Stadt in der Stadt, ein Milliarden-Dollar-Projekt der MGM-Mirage-Hotelgruppe soll auf dem Strip ein neues Zentrum schaffen: vier Hotels rund um ein riesiges Einkaufs- und Vergnügungszentrum. Dessen Dach bildet eine spektakuläre skulpturartige Konstruktion des Architekten Daniel Libeskind. Investiert wird sowohl in wegweisende umweltfreundliche Planung des Komplexes als auch in ein Kunstzentrum, das zeitgenössische Gemälde weltberühmter Maler zeigt. Teilweise Eröffnung: Ende 2009. *S. Las Vegas Blvd./E. Harmon Av.*

2 EXCALIBUR [116 A1]

Die mittelalterliche Burg, die aussieht, als sei sie aus Pappmaché gebaut, dürfte König Arthur sehr befremdet haben. Die blau-rot-goldenen Türme gehören wohl zu den kitschigsten Gebilden der Stadt. Kunstvoll angestrahlt ist das Excali-

Luxor: Lichterglanz im Innern der Pyramide

bur im Dämmerlicht und vor dunklem Nachthimmel dennoch eine Augenweide. Die ✹ Fußgängerbrücke über den Strip und die Tropicana Avenue bieten einen guten Blick auf die Türme. Das mittelalterliche, teilweise etwas schäbig wirkende Innere des Hotels muss man nicht unbedingt gesehen haben. *3850 S. Las Vegas Blvd. | www.excalibur.com*

3 LUXOR ⭐ [116 A2]

Die gläserne Pyramide, zusammengesetzt aus 39 000 Fenstern, ist die viertgrößte Pyramide der Welt. Eine zehn Stockwerke hohe Sphinx bewacht den Eingang zu diesem Hotel, dessen Außen- und Innenwände mit authentischen Hieroglyphen bedeckt sind. Innen sitzen (halb so hoch und immer noch riesig) steinerne Pharaonen, flankiert von majestätischen Löwen, an subtil beleuchteten Teichen. Bemerkenswert ist selbst eine Fahrt mit einem der Fahrstühle, denn diese passen sich dem schrägen Verlauf der Pyramide an. Besondere Attraktionen im Hotel sind:

Titanic: The Artifact Exhibition: Seit das damals größte Kreuzfahrtschiff der Welt 1912 im eisigen Atlantik versank, wurden viele Dinge aus dem Wrack geborgen. Solche Funde – Reisetaschen, Schmuck, Geschirr und andere Hinterlassenschaften – fanden ihren Weg in diese Ausstellung. Photos und Nachbildungen, u. a. der glamourösen Haupttreppe in Originalgröße, erinnern an die Tragödie. *Tgl. 10–22 Uhr | Eintritt ab $ 31*

Bodies ... The Exhibition: Bisher war das nur Pathologen und Medizinern vorbehalten: der Blick in den

SEHENSWERTES AM SÜDLICHEN STRIP

1 City Center
2 Excalibur
3 Luxor
4 MGM Grand
5 New York-New York
6 Shark Reef Aquarium
7 Tropicana

menschlichen Körper. In dieser Ausstellung kann nun jeder wohlpräparierte Körperteile und Organe in Augenschein nehmen. *Tgl. 10–22 Uhr | Eintritt $ 26*

In Search of the Obelisk: Eine atemlose Jagd durch eine Pyramide auf der Suche nach dem Obelisken. Eine von mehreren Simulatorfahrten im Luxor. Außerdem laufen im IMAX Theatre wechselnde Filme: Mondlandschaften, Unterwasserwelten oder die Geheimnisse des Nils in 3 D. Leinwand über sieben Stockwerke und 30 000-Watt-Klang. *Tgl. 13–19 Uhr | Eintritt ab $ 10 | 3900 S. Las Vegas Blvd. | Info unter Tel. 702/262-44 44 | www.luxor.com*

🟥 4 MGM GRAND [114 C6]

Es ist eines der größten Kasinos der Stadt. Die Einteilung in vier thematische Bereiche soll helfen, sich hier zurechtzufinden. Doch alles in allem ist das Gebäude etwas verwirrend. Ein gläserner Tunnel führt durch das ebenso gläserne *Lion Habitat* und erlaubt damit, die Löwen von allen Seiten zu betrachten (sollten Sie Glück haben und einer befindet sich gerade auf der Tunneldecke, auch von unten). Die Löwen arbeiten im Schichtdienst: sechs Stunden in der Ausstellung und dann zwei Tage frei auf einer nahe gelegenen Ranch. *Tgl. 11–22 Uhr | Eintritt frei | 3799 S. Las Vegas Blvd. | www.mgmgrand. com*

🟥 5 NEW YORK-NEW YORK ⭐ [114 B6]

Das Kasinohotel New York-New York wirbt für sich als die großartigste Stadt in Las Vegas. Das *Empire State Building* (hier nur 47 Stockwerke hoch) und elf andere bekannte Wolkenkratzer bilden eine perfekte Miniaturausgabe der Skyline von Manhattan. Millionen von Besuchern überqueren jährlich die Brooklyn Bridge in Las Vegas, während das fünfmal so große Original nur 940000 Fußgänger über den East River bringt. Die kopierte *Freiheitsstatue* erhielt sogar ihre eigene Insel.

Das Kasino ist eine Nachbildung des *Central Park*. Weitere Bereiche des Hotels gleichen dem *Rockefeller Center*, dem geschäftigen *Time Square* oder dem charmanten *Greenwich Village*. Auch die typischen Graffiti fehlen nicht, weder an den Eingängen zur Metro noch in den Telefonzellen. Den besten Überblick bekommt man von der  Galerie auf der Grand-Central-Station-Seite des Kasinos.

The Roller Coaster, eine Achterbahn, die sich rund um den gesamten Hotelkomplex windet, hört sich von drinnen an wie eine gerade in den Bahnhof fahrende U-Bahn. Rasen Sie mit über 100 km/h um die Silhouette der Weltstadt. Gehört zu den älteren, aber keineswegs langweiligen Achterbahnen. *So–Do 11–23, Fr–Sa 10.30*

> DER LETZTE SCHREI

Las Vegas entdeckt die frische Luft

Bisher spielte sich in Las Vegas alles drinnen ab. Und das galt bei Temperaturen über 40° C im Sommer nur als vorteilhaft. Dank der Klimaanlagen, die durchgehend auf Hochtouren laufend, braucht man sich in Las Vegas keine großen Gedanken um das Wetter zu machen. Doch ganz plötzlich hat die Wüstenmetropole nun entdeckt, dass sie rund sieben bis acht Monate im Jahr eigentlich ein recht angenehmes Klima zu bieten hat. Das Wynn Las Vegas war das erste Kasino, das all seinen Restaurants eine Terrasse verschaffte. Bisher gab es nur wenig Plätze, um draußen zu essen (u.a. im Bellagio und im Paris). Nun scheinen sogar Hotelzimmer mit Balkon der letzte Schrei zu sein, so im Signature und im neuen City Center. Für alle Frischluftfans bieten das Wynn und das Flamingo inzwischen sogar *outdoor gambling* an.

bis 24 Uhr | Eintritt $ 14 | 3790 S. Las Vegas Blvd. | www.nynyhotelcasino. com

6 SHARK REEF AQUARIUM [116 A2]

Im gläsernen Tunnel des Haifischriffs haben Sie das Gefühl, mitten unter 2000 gefährlichen und gefährdeten Tieren – inklusive 15 verschiedener

lich wurde hier kein privates Wohnzimmer mit Gold, Pomp und einer Tiffany-Glasdecke (sehenswert!) ausgestattet, sondern ein Kasino – imposanter, üppiger Prunk.

Das Tropicana steht vor einem umfassenden Umbau. Also wundern Sie sich nicht, wenn sich hier kurzfristig alles ändert und Sie plötzlich

Inmitten der Haie: der Tunnel des Shark Reef Aquariums im Mandalay Bay

Haiarten – zu schwimmen. Das Aquarium hat die Form eines gesunkenen Tempels. *So–Do 10–20, Fr–Sa 10–22 Uhr | Eintritt $ 16,95 | im Mandalay Bay | 3950 S. Las Vegas Blvd. | www.mandalaybay.com*

7 TROPICANA [116 B1]

Manch einem mag die Ausstattung des tropisch dekorierten Hotels etwas überladen erscheinen, doch schließ-

vor einer Staubwolke stehen. *3801 S. Las Vegas Blvd. | Tel. 702/739-22 22 | www.tropicanalv.com*

MITTLERER STRIP

> Keine zwei Kilometer müssen Sie auf dem Strip zurücklegen, um von Klein-Paris in die Lagunenstadt Venedig zu gelangen. Der hier beschriebene Abschnitt des Strip reicht von der East Harmon Avenue bis zur Spring Mountain Road.

■ 1 AUTO COLLECTIONS AT THE IMPERIAL PALACE [114 C4]

Mehr als 250 klassische Oldtimer zum Anschauen, Bewundern oder auch Kaufen. Die Kollektion ändert sich ständig. Zu sehen sind bzw. waren hier die Cadillacs von Al Capone (1930) und Marilyn Monroe (1959) oder auch Präsident Eisenhowers Paradelimousine (Chrysler 1952). Falls das Geld nicht reicht, um vielleicht einen taubenblauen Mercedes aus dem Jahre 1914 zu kaufen ($ 550000), wäre da auch noch ein VW-Käfer-Cabrio von 1965 für $ 15500. Eine Ausstellung nicht nur für Autoliebhaber! *Tgl. 10–18 Uhr | Eintritt $ 8,95, Eintritt frei mit Couponausdruck von der Website | im Imperial Palace | 3535 S. Las Vegas Blvd. | www.autocollec tions.com*

■ 2 BELLAGIO ⭐ [114 B4–5]

Romantisch und elegant, schön und komfortabel gehört dieses Luxushotel zu den attraktivsten auf dem Boulevard. Von außen gleicht es dem idyllischen italienischen Dorf am Comer See, wobei natürlich auch der See selbst nicht fehlt. Auf diesem tanzen die Springbrunnen nachmittags und abends ihr Wasserballett zu Melodien vom Broadway, aus der Oper oder von Frank Sinatra *(nachmittags alle 30 Min., abends alle 15 Min.).* ❄ Den besten Blick darauf hat man vom gegenüberliegenden Eiffelturm.

Innen setzt sich die italienische Eleganz fort: Bögen, Säulen und Marmor. Selbst die mit Stoff überzogenen Spielautomaten im Kasino wirken elegant. Die Decke in der Lobby ziert ein Bouquet aus mehr als 2000 geblasenen Glasblumen des amerikanischen Künstlers Dale Chihuly. Spazieren Sie unbedingt durch den Botanischen Garten, in dem Tausende von

Bis zu 73 m hoch steigen die tanzenden Wasserkaskaden vor dem Bellagio

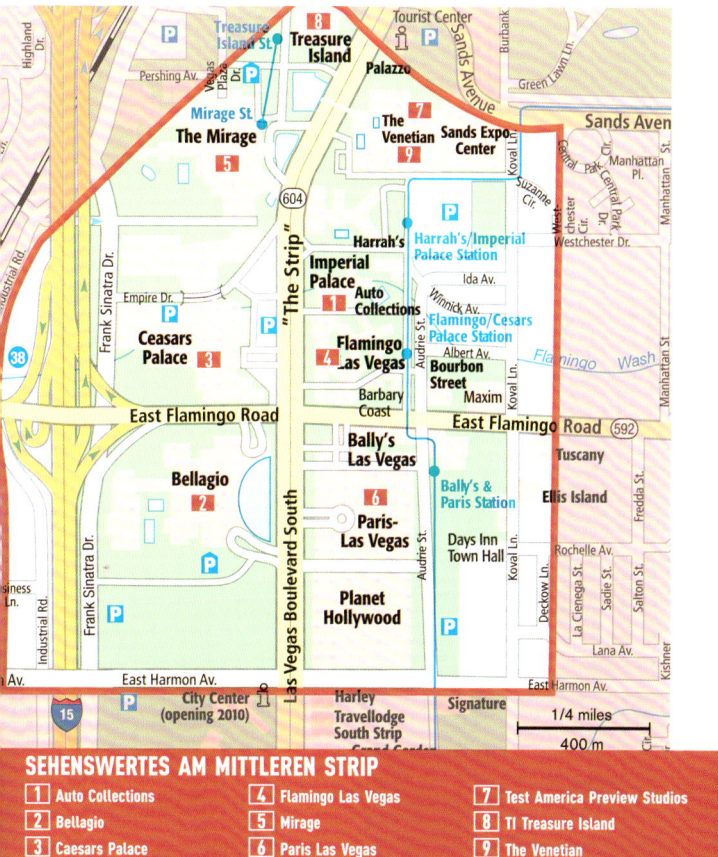

1 Auto Collections	4 Flamingo Las Vegas	7 Test America Preview Studios
2 Bellagio	5 Mirage	8 TI Treasure Island
3 Caesars Palace	6 Paris Las Vegas	9 The Venetian

Pflanzen – je nach Jahreszeit unterschiedlich – außergewöhnlich kunstvoll arrangiert sind. Versäumen Sie auch nicht, einen Blick auf den mediterranen Swimmingpool zu werfen (zu sehen von einer öffentlich zugänglichen Terrasse).

Im Bellagio befindet sich auch die *Gallery of Fine Art* mit wechselnden Ausstellungen vom Feinsten in eleganten Räumen. Ausgestellt waren hier schon Meisterwerke von Andy Warhol bis Claude Monet, alles Leihgaben des *Boston Museum of Fine Arts*. Es herrscht großer Andrang, deshalb Eintrittskarten besser vorher kaufen. *So–Do 10–18, Fr–Sa 10–19 Uhr | Eintritt $ 15 | 3600 S. Las Vegas Blvd. | Tel. 702/693-78 71 | www. bellagio.com (Hotel)*

3 CAESARS PALACE [114 B4]

Schlanke, hohe Zypressen, römische Tempel, Brunnen und Büsten, Bögen und Säulen – Luxus wie im alten

Baden wie die alten Römer: Poolanlage des Caesars Palace

Rom. Der attraktivste Teil des bereits 1966 eröffneten Hotels ist das ungewöhnliche Einkaufszentrum, die *Forum Shops*, über die sich ein Wolkenhimmel spannt, der die Sonne auf- und untergehen, Wolken vorbeiziehen und Sterne funkeln lässt, sodass nirgendwo die Tage so schnell vergehen wie hier.

In *Caesars Forum* werden auch die Götter lebendig: Bacchus, Venus, Apoll und Pluto debattieren in der *Festival Fountain Show* über das alte Rom. Währenddessen beobachtet im neuen Teil der Mall (dort wo Poseidon kampfbereit wacht) ein geflügeltes Biest die *Fall of Atlantis Fountain Show* und den Untergang der sagenumwobenen Insel. Falls Sie keinen guten Platz ergattern, können Sie die Vorstellung auf den überall vorhandenen Monitoren verfolgen *(beide Shows stündlich zur vollen Stunde So–Do 10–23, Fr/Sa 10–24 Uhr | Eintritt frei)*.

Ebenfalls im Caesars Palace befindet sich die *Neil Leifer Gallery*. Gezeigt und verkauft werden hier die dynamischen Fotos prominenter Sportler des New Yorker Fotografen Neil Leifer *(Mo–Do 13–21, Fr/Sa 9–21, So 9–17 Uhr | Eintritt frei). 3570 S. Las Vegas Blvd. |* www.caesarspalace.com

4 FLAMINGO LAS VEGAS [114 C4]

Mafioso „Bugsy" Siegel hat 1946 das erste Hotel am Strip mitten in der Wüste erbaut, damals so luxuriös und extravagant, dass selbst die Putzkolonne im Smoking arbeitete. Obwohl vom ursprünglichen Gebäudekomplex kein Stein mehr erhalten ist, lässt die glitzernde Neonfassade wissen, dass dieses Kasino den Sprung zum modernen Themenhotel nicht vollzogen hat. Es unterhält aber ein schönes *Wildlife Habitat* mit saftig-grünen

Pinien, Palmen und Magnolien und vor allem exotischem Federvieh: Fasane, Kraniche, Ibisse, Papageien, Pinguine und natürlich Flamingos. *Tgl. 24 Std. | Eintritt frei | 3555 S. Las Vegas Blvd. | www.flamingolasvegas.com*

5 MIRAGE ⭐ [114 B3]

„Fata Morgana" bedeutet der Name dieses Kasinos, dem man zuschreibt, den Hotelbaubomm der 1990er-Jahre in der Wüstenstadt ausgelöst zu haben. Eine polynesische Landschaft – Palmen, Bananenstauden, Orchideen und eine Lagune mit Wasserfällen – schirmt das Hotel vom lebhaften Strip ab. Hier können Sie jeden Abend Zeuge eines rauchend-rumpelnden Vulkanausbruchs werden *(zur vollen Stunde nach Einbruch der Dunkelheit)*, nicht sehr realitätsnah, aber eine faszinierende Pyrotechnik- und Lightshow.

In der Lobby sollen Sie sich fühlen wie in der Südsee. Hinter der Rezeption schwimmen an die Tausend vielfarbige Fische um ein Korallenriff; die dicken Scheiben des *Aquariums* halten rund 80 000 l Wasser. Unter einer Glaskuppel wächst ein kleiner tropischer Regenwald mit Palmen und Bananenstauden. Und bewundern Sie draußen im *Siegfried & Roy's Secret Garden* die wunderschönen weißen Wildkatzen, von denen eine im Oktober 2003 ihren Meister Roy Horn schwer verletzte. Im angrenzenden *Dolphin Habitat* können Sie mit Delphinen Ball spielen. *Im Sommer 10–19, im Winter 11 bis 17.30, Sa/So ab 10 Uhr | Eintritt $ 15 | 3400 S. Las Vegas Blvd. | www.mirage.com*

6 PARIS LAS VEGAS ⭐ [114 C4–5]

„Bonjour, Messieurs!", grüßt hier das Personal im schönsten Schulfranzösisch die Gäste. Von innen und außen eine Puppenhausversion der Stadt des Lichts, lädt das Paris ein zur Besichtigung des detailgetreu nachgebauten *Arc de Triomphe* und zum Spaziergang auf der *Rue de la Paix*. Auch die Fassaden des *Louvre*, des *Opern-* und des *Rathauses* sehen den Pariser

>LOW BUDGET

> Durchforsten Sie Veranstaltungsmagazine wie *„What's on?"* oder *„Vegas Magazine"* nach Coupons. Restaurants, Shows und Ausstellungen garnieren ihre Werbung oft mit Gutscheinen. So gibt's manchmal zwei Tickets zum Preis von einem, eine freie Vor- oder gar Hauptspeise.

> Zu fast allen Hotelkasinos und anderen Attraktionen, die etwas abseits vom Strip liegen, fahren kostenfreie Shuttlebusse, z.B. zum Orleans, zum Hard Rock Hotel oder zum Rio Suites. Gratis sind auch die Monorails zwischen dem Mirage und dem TI Treasure Island sowie auf der Linie Excalibur-Luxor–Mandalay Bay.

> Signierte Gitarren und Schlagzeuge, Motorräder und Bekleidung weltbekannter Rockstars von den Beatles bis zu Guns N' Roses können rund um die Uhr bewundert werden – auch Madonnas Unterwäsche. Eintritt: null. *Hard Rock Hotel & Kasino* [115 E5], *4455 Paradise Rd.*

> Auf der Website *www.vegasfreebie.com* erhalten Sie einen Überblick über kostenlose Sehenswürdigkeiten und Shows in Las Vegas.

Originalen täuschend ähnlich (von der Größe einmal abgesehen). Die Kopie des *Eiffelturms* ist genau halb so groß wie das französische Vorbild, konstruiert nach den Originalzeichnungen von 1887. Gläserne Aufzüge bringen Sie zur ❄ *Aussichtsplattform*, wo Ihnen die Glitzerstadt im wahrsten Sinne des Wortes zu Füßen liegt. *Tgl. 9.30–0.30 Uhr | Eintritt $ 10 | 3655 S. Las Vegas Blvd. | www.parislasvegas.com*

7 TEST AMERICA PREVIEW STUDIOS [114 C3]

Endlich dürfen Sie auch mal mitreden, bevor es zu spät ist: In den Test America Preview Studios werden Konsumenten nach ihrer Meinung gefragt, bevor das Produkt auf den Markt kommt. Probieren Sie neue Spielautomaten und kulinarische Kreationen aus, schauen Sie einen Film oder eine Fernsehshow (15–50 Min.) an, und loben oder meckern Sie. Ungewöhnlich: Es kostet keinen Eintritt, im Gegenteil, für Ihre Teilnahme und Ihr Urteil erhalten Sie sogar noch $ 15. *Durchschnittliche Dauer: 45 Min. | im Venetian | 3355 S. Las Vegas Blvd | und in der Fashion Show Mall | 3200 S. Las Vegas Blvd.*

8 TI TREASURE ISLAND [114 C3]

Die von Piraten heimgesuchte Schatzinsel versucht sich ein neues Image zu geben. Der halbherzige Abbau der Piratendekoration im Inneren ist nicht sehr vielversprechend. Auch eine der größten Attraktionen des Strip, die Seeschlacht des Piratenschiffes Hispaniola mit der britischen Fregatte HMS Britannia, wurde eingestellt. Von nun an müssen es die Piraten mit spärlich bekleideten Sirenen aufnehmen. Mehr Sex heißt die Devise der neuen, kostenlosen 20-Minuten-Show ⭐ *The Sirens of TI*. Eine zweifelhafte Verbesserung. Aber immer noch äußerst sehenswert wegen der akrobatischen Leistungen und der pyrotechnischen Dramatik vor dem nächtlichen Himmel. Eine Art Action-Sex-Musical auf dem Wasser. Wann hat man schon mal Gelegenheit, den Untergang eines Schiffs ungefährdet aus nächster Nähe zu erleben (und es nach einigen Minuten, wenn sich die Zuschauer langsam zerstreuen, wieder auftauchen zu sehen)? *Tgl. 17.30, 19, 20.30, 22 Uhr ab Dämmerung | in der Sirens' Cove vor dem TI Treasure Island | 3300 S. Las Vegas Blvd. | www.treasure islandlasvegas.com*

TI Treasure Island: Piraten und bezirzende Sirenen vor eindrucksvoller Kulisse

SEHENSWERTES

9 **THE VENETIAN** ⭐ [114 C3]

Markusplatz, Dogenpalast, Campanile und *Canal Grande* – alles wie im echten Venedig. Der Steinboden macht einen jahrhundertealten Ein-

Vorstellungen ist angeschlagen). Es fehlt nur der Venedig eigene modrige Geruch.

Ganz andere Objekte finden Sie in *Madame Tussaud's Interactive Wax*

Venezianische Gondeln, große Kunst und Wachsfiguren: Das Venetian hat viel zu bieten

druck, Statuen, Mosaike und Fliesen gleichen ihren originalen Vorbildern aufs Haar. Das Sicherheitspersonal trägt die Uniformen der venezianischen Polizei, Gondolieri bringen ihre Passagiere von Ufer zu Ufer *(So bis Do 10–23, Fr/Sa 10–24 Uhr | Preis $ 16 | Dauer: ca. 15 Min. | Reservierung empfohlen, aber nur für denselben Tag möglich | Tel. 702/414-45 00)*. Auf dem Markuspatz schmettern kostümierte Sänger Opernarien, Artisten jonglieren, während lebende Statuen höchstens mal mit der Wimper zucken *(wechselnder Zeitplan der*

Attraction. Wer schon immer mal mit Britney Spears tanzen, mit Julia Roberts und Brad Pitt eine Party feiern, sich mit Mick Jagger und Madonna fotografieren lassen, Neil Armstrong oder George W. Bush aus der Nähe sehen wollte, ist hier richtig. Über 100 Berühmtheiten warten im Wachsfigurenkabinett, darunter nur eine Nicht-Amerikanerin: Prinzessin Diana (und die gleich zweimal). Während die Schauspieler gut gelungene, täuschend echte Nachbildungen der Originale sind – Jodie Foster und Whoopie Goldberg zum Beispiel –, wirken die Musiker (wie Mick Jagger und Michael Jackson) fast alle etwas unrealistisch und schwindsüchtig. Am Ende der Ausstellung wird auch gezeigt, wie die Wachsmenschen entstehen. *So–Do, 10–21, Fr/Sa 10–22 Uhr; Juni–Okt. tgl. 10–23 Uhr | Eintritt $ 24 (viel zu teuer, aber in vielen Szeneblättchen gibt's Coupons) | 3355 S. Las Vegas Blvd. | www.venetian.com*

Stratosphere: fast freier Fall 50 m hinab

NÖRDLICHER STRIP

> Der Stratosphere Tower setzt den Schlusspunkt des nördlichen Strip. Doch davor locken Zirkuswelt, Wasserpark sowie das neue Wynn Las Vegas. Der hier beschriebene Abschnitt reicht von der Spring Mountain Road bis zum Stratosphere Hotel.

1 NASCAR ENTERTAINMENT CENTER [113 D6]

Für alle, die Computerspiele lieben. Bis zu 350 km/h fahren die Flitzer, die über die simulierte Rennstrecke *Cyber Speedway* gesteuert werden. *Tgl. ab 10 Uhr | Fahrt $ 10*

Wer nicht nur zum Schein, sondern tatsächlich eine schnelle Fahrt erleben will, steigt ein bei *Speed – The Ride*, und los geht's durch einen Tunnel unterm Strip entlang, um die Kuppel des Sahara Hotels herum und hinauf auf einen 70 m hohen Turm. *Dauer 45 Sek. (max. Geschwindigkeit 112 km/h) So–Do 11–23, Fr/Sa 11–1 Uhr | Fahrt $ 10 | im Sahara Hotel | 2535 S. Las Vegas Blvd. | www.saharavegas.com*

2 STRATOSPHERE [113 D5]

Die sogenannte „Nadel", das höchste Gebäude westlich des Mississippi, muss man nicht aus der Nähe gesehen haben, zumal es fünf Blocks (und die sind lang auf dem Strip) entfernt liegt von den übrigen Attraktionen des Boulevards. Aber der Blick aus 350 m Höhe von der ⭐ 🌿 *Aussichtsplattform* des Stratosphere im 108. Stockwerk ist eine Busfahrt oder einen kleinen Fußmarsch wert.

SEHENSWERTES AM NÖRDLICHEN STRIP

| 1 | Nascar Entertainment Center | 2 | Stratosphere | 3 | Wynn Las Vegas |

Mit diesem Superblick und drei nervenkitzelnden Fahrten strengt sich das etwas abgelegene Hotel mächtig an, Leute anzuziehen. *Insanity – The Ride*, ein krakenartiges Kettenkarussell, fährt Sie über den Rand des Turms und wirbelt Sie dort durch die Luft. *Big Shot* befördert Sie an einem Mast in nur 2,5 Sekunden 50 m in die Höhe, um Sie von dort im (fast) freien Fall wieder hinuntersausen zu lassen. Falls Sie sich hier noch trauen, die Augen aufzumachen: Der Blick von dort oben ist toll! Die dritte Attraktion, *X Scream*, treibt Sie auf 270 m Höhe mit fast 50 km/h über den Rand des Turms. *So–Do 10–1, Fr/Sa 10–2 Uhr | Fahrt $ 13, inkl. Aussichtsturm $ 19,95, alle Fahrten inkl. Aussichtsturm im Paket $ 27,95 | 2000 S. Las Vegas Blvd. | www.strato spherehotel.com*

3 **WYNN LAS VEGAS** ⭐ [114 C2]

Mit diesem gigantischen Luxusbau wollte sich Steve Wynn offensichtlich selbst ein Denkmal setzen. Das Wynn ist abgeschirmt vom Rummel auf dem sen. Auch wenn Sie normalerweise nicht $ 500 für ein Paar Schuhe ausgeben, müssen Sie unbedingt einen Blick auf die prächtige Fußbekleidung im *Shoein* werfen!

Spektakuläre Hightech-Lightshow: Fremont Street Experience in Downtown

Strip durch einen mehr als 40 m hohen Berg. Wasserfälle rauschen den Abhang hinunter in einen See, den *Lake of Dreams.* Ringsherum spenden hohe Pinien Schatten. Drinnen: Marmor, Gold (Goldfarbe jedenfalls) und exquisite Teppiche. Das Wynn hat kein Thema im herkömmlichen Sinne. Schlicht und ergreifend steht es unter dem Motto: Reichtum und Eleganz. Ähnlich wie Wynns Bellagio, nur eben noch reicher und noch eleganter. In der Einkaufszone finden sich ausschließlich Designerläden mit schwindelerregenden Prei-

Vom *Country Club* aus überblicken Sie den saftigen weiten Rasen des wohlgestalteten Golfplatzes. Einige Cafés und Restaurants (nicht alle sind unbezahlbar) haben 🌿 Terrassen direkt am See *(im Sommer wegen Hitze geschlossen).* Nach Einbruch der Dunkelheit haben Sie von hier aus den besten Blick auf die phantastische *Lightshow,* die allabendlich in mehreren Sequenzen gezeigt wird *(Eintritt frei).*

Steve Wynn, schon immer ein Ferrari-Fan, hat dem italienischen Autohersteller nun ein Denkmal in seinem Hotel gesetzt: *Penske Wynn Ferrari Maserati*, ein Schauraum mit rund einem Dutzend Ferraris von Seltenheitswert, keiner preiswerter als $ 700 000. Rund tausend Besucher kommen täglich, um die wertvollen Raritäten zu bestaunen *(Mo bis Sa 10–21, So 10–19 Uhr | Eintritt $ 10). 3131 S. Las Vegas Blvd. | Tel. 702/770-70 00 | www.wynnlasvegas.com*

DOWNTOWN

> Das einstige Stadtzentrum – etwas heruntergekommen, nachdem sich die Aufmerksamkeit der Besucher auf den Strip konzentrierte – wurde in den letzten Jahren kräftig aufpoliert. Die Fremont Street ist eine preiswerte Alternative zum Strip. Trotz aller Bemühungen: Hier wirkt der Glitter nicht ganz so prächtig, Prunk und Pracht tragen den Geruch des Vergänglichen. Das verspüren Sie umso deutlicher, da die Straße umgeben ist von armseligen, unsicheren Vierteln. Keine Sorge, die Fremont Street selbst birgt keine Gefahren. Der „Deuce"-Bus bringt Sie downtown.

1 FREMONT STREET EXPERIENCE [113 E1–2]

Die vier Blocks lange Fußgängerzone lockt (besonders abends und nachts) mit Straßencafés, Geschäften und den vielfältigen Möglichkeiten ihres elektronischen Baldachins, der die Straße an glühend heißen Sommertagen kühlt, während er im Winter für Wärme sorgt. Die Überdachung ist bestückt mit über 2 Mio. Lichtern und einem Soundsystem, das es mit jeder großen Konzertanlage aufnehmen

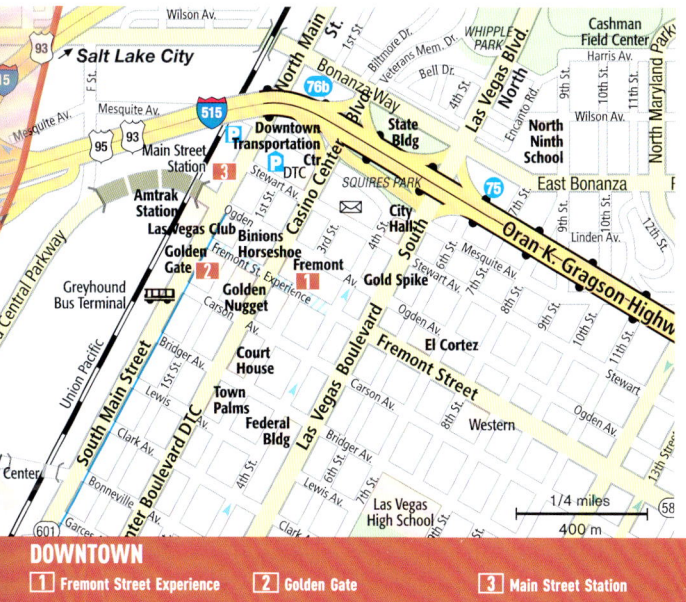

ABSEITS DES STRIP

Las Vegas Art Museum: moderne Architektur für Volkskunst aus der ganzen Welt

kann. Die nächtliche *Sky Parade*, eine Hightech-Lasershow mit Musik, wird so wahrhaftig zum Erlebnis *(von Einbruch der Dunkelheit bis mindestens Mitternacht jeweils zur vollen Stunde)*.

Da manche trotzdem der alten, etwas schäbigen *Glitter-Gulch* (Glitzerschlucht) hinterherweinen, hat die *Initiative Neon Museum* begonnen, die klassischen Neonlichter von Las Vegas zu restaurieren und als *Outdoor Gallery* entlang der Promenade aufzustellen, z.B. jenen 1967 kreierten, überdimensionalen Cowboy, der nun den Zugang zur Fußgängerzone schmückt. *Zwischen Las Vegas Blvd. und Main St. | www.vegasexperience. com*

Insider Tipp **2 GOLDEN GATE**   [113 E1]
Vor fast 100 Jahren erbaut und damit das älteste Hotel und Kasino auf der Fremont Street. Ein großer Teil der originalen Holzvertäfelungen blieb erhalten. Restauriert im Stil der 1930er-Jahre von San Francisco. Möchten Sie einen Eindruck davon

bekommen, wie es in den Kasinos wohl vor 50 oder 70 Jahren zuging? Hier können Sie Atmosphäre schnuppern! *1 Fremont St. | www.golden gatecasino.net*

3 MAIN STREET STATION   [113 E1] **Insi Tip**
Mehr oder weniger antikes Sammelgut aus aller Welt macht das Hotel zu einem kleinen Museum: ein Kronleuchter aus dem Pariser Opernhaus, Straßenlaternen aus Brüssel, ein Kamin aus einem schottischen Schloss und nicht zuletzt ein Stück aus der Berliner Mauer (auf der Herrentoilette!). Vieles wie im Wilden Westen zu Beginn des 20. Jhs.: Holzverkleidungen, Holzbänke, Kassierer hinter kunstvollen Messinggittern. *200 N. Main St. | www.mainstreetcasino.com*

ABSEITS DES STRIP

> Abseits des Strip ist es schwerer, die Aufmerksamkeit der Touristen auf sich zu lenken. So winken hier Kasinos mit

SEHENSWERTES

besonders günstigen Preisen. Aber längst nicht alle. Manche, wie das nicht gerade billige Hard Rock Hotel, setzen selbstbewusst auf ihre besondere Note. Einige Attraktionen sind gut per Bus zu erreichen, andere nur per Taxi. Aber Sie können sicher sein, bei den hier erwähnten Sehenswürdigkeiten lohnt sich die kleine „Reise".

ATOMIC TESTING MUSEUM [115 E4]

Die Geschichte der Atomtests in Nevada, die 1992 eingestellt wurden, wird hier durch Fotos, Artefakte und Aussagen ehemaliger Mitarbeiter dokumentiert. *Mo–Sa 9–17, So 13–17 Uhr | Eintritt $ 12 | 755 E. Flamingo Rd. | Tel. 702/794-51 61 | www. atomictestingmuseum.org | Bus 202 East ab Ecke Strip/Flamingo Rd.*

DONNA BEAM
FINE ARTS GALLERY [115 F5]

Häufig wechselnde Ausstellungen sowohl amerikanischer Künstler als auch zu historischen und politischen Themen, wie z.B. über den Holocaust. *Mo–Fr 9–17, Sa 10–14 Uhr | auf dem Campus der University of Nevada at Las Vegas | 4505 Maryland Parkway | Tel. 702/895-38 93 | Bus 201 East ab Ecke Strip/Tropicana*

GUN STORE [0]

Vergessen Sie nicht, Sie sind im Wilden Westen! Doch auch der hat sich verändert. Im Gun Store wird nicht auf Pferdediebe gezielt, sondern auf ein Konterfei Osama bin Ladens. Von der Beretta bis zum Maschinengewehr kann alles ausprobiert werden. Für viele Amerikaner eine normale Freizeitbeschäftigung, für Europäer eine groteske Erfahrung, die sie zu Hause nicht machen können. *Tgl.*

9–18.30 Uhr | Preis je nach Waffe mindestens $ 10 plus Munition | 2900 E. Tropicana Ave. | www.thegunsto relasvegas.com | Bus 201 East ab Ecke Strip/Tropicana Ave.

LAS VEGAS ART MUSEUM [0] *Insider Tipp*

Kunstwerke aus Nicaragua, Mexiko, China und von den Philippinen, präsentiert in Zusammenarbeit mit dem Washingtoner *Smithsonian Institut.* Wechselnde Ausstellungen. Das 1997 errichtete Gebäude erscheint in einem interessanten Mix aus traditionell-indianischem Stil mit zeitgenössisch südwestamerikanischen Einflüssen. *Mi–Sa 10–17, So 13–17 Uhr | Eintritt $ 6 | 9600 W. Sahara Ave. | Tel. 702/360-80 00 | www.lasvegas artmuseum.org | Bus 204 West ab Ecke Strip/Sahara Ave. bis Grand Canyon Dr.*

LIBERACE MUSEUM ★ [117 F1]

6000 Noten in nur zwei Minuten konnte der skurrile Entertainer spielen und wurde damit zum schnellsten Pianisten der Welt gekürt. Doch eigentlich berühmt wurde Wladziu Valentino Liberace (1919–87) durch seine Vorliebe für Pomp, Diamanten und Blendwerk jeder Art.

Mit 17 tingelte er durch Bars und Clubs, in den 1950er-Jahren machte er sich mit einer eigenen Fernsehshow einen Namen und wurde in den USA bald in einer Reihe mit Frank Sinatra und Elvis Presley genannt. Seine Autos, Klaviere, Möbel, Kleidung – alles nach Maß gearbeitet, vieles mit Juwelen besetzt, vergoldet, verspiegelt, tausendfach verziert. Solch kaiserliche Straßenkreuzer, solch zaristische Künstlergewänder, so kitschige Pianos haben Sie noch nie gesehen! Nennen Sie's geschmacklos, aber gehen Sie hin! *Di bis Sa 10–17, So 12–16 Uhr | Eintritt $ 15 | 1775 E. Tropicana Ave./Ecke Spencer St. | Tel. 702/798-55 95 | www.liberace.org | Bus 201 East ab Ecke Strip/Tropicana Ave.*

MARJORIE BARRICK MUSEUM [115 F5]
Studieren Sie Land und Leute! Mexikanische Volkskunst aus dem 19. Jh., indianische Töpfereien und prähistorische Objekte aus dem gesamten Südwesten der USA und aus Südamerika finden Sie hier ebenso wie alles, was in der Wüste kreucht und fleucht: Schlangen, Leguane und Schildkröten, Spinnen und Kakerlaken. Der Garten des Museums beweist, wie hübsch und abwechslungsreich genügsame Wüstengewächse sein können. *Mo–Fr 8–16.45, Sa 10–14 Uhr, an allen Feiertagen geschl. | Eintritt frei | auf dem Campus der UNLV (University of Nevada at Las Vegas) | 4505 Maryland Parkway | Tel. 702/895-33 81 | hrcweb.nevada.edu/museum | Bus 201 East ab Ecke Strip/Tropicana Ave.*

SPRINGS PRESERVE [0]
Genau hier an dieser Quelle ist Las Vegas einst entstanden. 1962 versiegte das Wasser. Das Springs Preserve ist eine naturverbundene Mu-

> GOLFEN IN LAS VEGAS
Hektarweise saftiges Grün

Wenn Sie Golf spielen oder es lernen möchten, ist Las Vegas der perfekte Ort. Es gibt sage und schreibe 64 Golfplätze in der unmittelbaren Umgebung. Auf den meisten können Sie Schläger preiswert mieten. In sommerlicher Hitze brauchen Sie sich um Reservierungen nicht zu sorgen, doch zu anderen Zeiten sollten Sie vorbestellen (per Internet oder Telefon).
Die Preise variieren von $ 75 bis 200 für 18 Löcher. Wenn Sie gerne 9 Löcher spielen, dann fragen Sie nach günstigen *late afternoon-* oder *twilight-*Tarifen. Um angemessene Kleidung wird auf allen Plätzen gebeten: Hemd mit Kragen, kurze Hosen, aber keine Jeans oder Sportshorts. Normale Turnschuhe sind okay, bei Golfschuhen bitte keine Metallspikes. Nachfolgend einige gute Plätze:

Angel Park Golf Club: [U C3] Schön gestaltete Anlage mit wunderbarem Ausblick auf Stadt und Berge. *100 S. Rampart Blvd. | Tel. 1-888-725 25 15 | www.angelpark.com*
Las Vegas Golf Club: [U B3] Der älteste öffentliche Golfplatz von Las Vegas. Preiswert, aber sehr belebt. *4300 W. Washington Ave. | Tel. 702/312-19 00 | www.lasvegasgc.com*
TPC at the Canyons: [U C3] Exzellenter Platz für Fortgeschrittene. *9851 Canyon Run Dr. | Tel. 702/256-25 00 | www.tpc.com*
Wynn Las Vegas: [114 C2] Einziger Platz innerhalb eines Kasinos. *3131 S. Las Vegas Blvd. | Tel. 702/770-70 00 | www.wynnlasvegas.com*
Weitere Infos unter www.lasvegas golf.com, www.lasvegasgolfcourses. com

seumsanlage, die uns die Schönheit der Wüste näherbringt, zurückblickt auf die Anfänge der Stadt und Ideen für umweltbewusstes modernes Leben präsentiert. 43 Ausstellungen in fünf Gebäuden (u. a. eine beispielhafte Energiesparküche), sowie ruhige Naturpfade, Konzerte im Amphitheater, auch Videospiele und eine Flutdemonstration, die alle 20 Minuten 5000 Liter recyceltes Wasser in eine Schlucht spült. Das *Springs Café* serviert frische, gesunde Gerichte von Wolfgang Puck, und jeden Donnerstag gibt's ein Konzert. *Fr–Mi 10–18, Do 10–21 Uhr | Eintritt $ 18.95 | 333 S. Valley View Blvd. | Bus 202 W. Flamingo Rd./Strip (auch 201, 204 West)*

THE RIO   [114 A4]

Das brasilianisch-tropisch aufgemachte Rio liegt nicht direkt auf dem Strip, sondern etwa 1,5 km westlich. Die beiden farbigen Glastürme sind besonders nachts attraktiv. Drinnen wird das ganze Jahr über Karneval gefeiert. Die *Masquerade Show in the Sky* macht nicht so sehr wegen ihrer Qualität (profanes Playback) von sich reden, sondern wegen ihrer ungewöhnlichen Bühne: Von der Decke hängende Karnevalswagen schweben durch die Kasinolüfte, während die Besatzung das Tanzbein schwingt. Besucher sind eingeladen, sich selbst zu kostümieren und mitzutanzen. Aber glauben Sie nicht, dass Sie dafür bezahlt werden, im Gegenteil: Der Ehrenplatz auf dem Wagen kostet Sie $ 12,95. Ansonsten ist die Show frei und am besten von der zweiten Etage des *Masquerade Village* aus zu sehen !

Liberace Museum: viel Pomp für den Auftritt des Entertainers

Bekannt sind auch die *Bevertainers*, die musikalischen Kellnerinnen, die hier und da ihre Arbeit unterbrechen, um auf zehn Minibühnen des Kasinos künstlerische Einlagen zu bieten. *Shows Do–So 19–24 Uhr | kein Eintritt | 3700 W. Flamingo Rd. | www.riolasvegas.com | Bus 202 West ab Ecke Strip/Flamingo Rd.*

> NOBELLOKAL UND PREISWERTES SCHLEMMERBUFFET

Las Vegas als kulinarische Metropole mit feinen Speisen aus aller Welt

> **Gerade für Feinschmecker ist Las Vegas eine Reise wert. Einst bekannt für billige Buffets, erlebte die Spielerstadt in den 1990er-Jahren eine kulinarische Revolution.**

Wie ein Magnet zog die Stadt plötzlich Chefköche (im Amerikanischen einfach: *chefs)* aus aller Welt an. Der gebürtige Österreicher Wolfgang Puck brachte 1992 mit der Eröffnung des *Spago* die Welle ins Rollen. Puck selbst betreibt inzwischen mehr als

ein halbes Dutzend Restaurants in Las Vegas. Ihm folgten renommierte Köche aus aller Welt. Eine wahrhaftige Tellerwäscherkarriere legte André Rochat hin: 1965 mit leeren Händen aus Frankreich in die USA eingewandert, zählt er heute mit zwei Top-Restaurants (*André's* im Monte Carlo und *Alizé* im Palms) zu den etablierten Spitzenköchen von Las Vegas. Mit der Ankunft des mehrfach preisgekrönten französischen Kochs Joël

Bild: Trattoria im MGM Grand

ESSEN &
TRINKEN

Robuchon, steht nun endgültig fest, dass es Las Vegas zur Gourmetmetropole gebracht hat.

Sei es Foie gras oder ein saftiges Steak, süß-saures Schweinefleisch oder Sushi, Enchiladas, Cannelloni oder Ihnen vielleicht weniger bekannte Gerichte: In Las Vegas finden Sie ethnische Spezialitäten aus aller Welt, wobei viele Restaurants mehrere Geschmacksrichtungen parallel servieren. Und auch die Weinkenner kommen auf ihre Kosten. Manche Luxusgastronomie glänzt mit einer ausgezeichneten Weinkarte, die selbst in Frankreich nicht überboten werden kann.

Zudem weiß man in Las Vegas besonders zu beherzigen, dass das Auge mitisst. Nicht nur werden die Speisen oft kunstvoll drapiert, auch bieten vielerorts ausgefallene Dekorationen Abwechslung zwischen den Gängen und ein stilvolles Ambiente.

Dementsprechend bitten die Gourmettempel um angemessene, teils auch elegante Kleidung (kurze Hosen, Jeans und Turnschuhe sind nicht ohne Steuer (7,5 Prozent) und Bedienung (15–20 Prozent) angegeben werden. Und anders als in Deutschland ist das Trinkgeld *(tip)* kein Zu-

Chinois: eines der vielen internationalen Restaurants im Caesars Palace

erwünscht). Für die meisten nicht an Klimaanlagen gewöhnten Europäer gilt: immer etwas zum Überziehen mitnehmen! Denn während Sie draußen bei weit über 30 Grad Celsius brüten, könnten Sie drinnen eine Gänsehaut bekommen.

Für Restaurants der gehobenen und auch der mittleren Kategorien sollten Sie unbedingt reservieren, denn die Nachfrage nach exklusiven Speisen in ansprechender Umgebung ist so gewaltig, dass täglich Tausende von Gästen keinen Tisch bekommen.

Machen Sie sich keine Illusionen über die Preise, die immer netto, d.h. brot für die Kellner, sondern die einzige oder hauptsächliche Einnahmequelle. Lassen Sie sich auch nicht beim Studieren der Speisekarten verwirren: Mit *entrée* (Betonung auf der ersten Silbe) wird hier keineswegs die Vorspeise, sondern das Hauptgericht bezeichnet.

Nach wie vor sind die zahlreichen Buffets das Markenzeichen von Las Vegas. Trotz bemerkenswerter Preissteigerung finden Sie hier meist immer noch eine großartige Auswahl qualitativ guter Speisen für relativ wenig Geld ($ 10–18 im Durchschnitt und nur 5–7 Prozent Trinkgeld für

> *www.marcopolo.de/lasvegas*

ESSEN & TRINKEN

Gedeck und Service, je nach Wochentag und Tageszeit). Reservierungen akzeptieren die meisten Buffets nicht, und so muss man sich mit den langen Warteschlangen – gerade für die besten Adressen – abfinden. Kommen Sie entweder sehr früh oder recht spät, wenn der große Ansturm bereits vorbei ist. Fast alle Kasinos bieten ein Buffet an. Und nicht nur das. Wenn Sie in einem der großen Themenhotels wohnen, brauchen Sie dieses nicht zu verlassen, egal, was Sie gerade essen möchten: ob ein Sandwich auf die Faust oder ein 5-Gänge-Menü. Jedes Kasino besitzt mindestens ein Restaurant jeder Kategorie.

Die beste Ansammlung gehobener Restaurants haben zweifelsfrei das *Mandalay Bay* und das *Bellagio* zu bieten, während sich im *New York-New York* und im *Caesars Palace* besonders gut Restaurants der mittleren Kategorie finden lassen.

Obwohl Las Vegas damit wirbt, eine schlaflose Stadt zu sein, schließen die meisten Restaurants wie in anderen Städten auch vor Mitternacht (die angegebenen Zeiten bedeuten nicht, dass die Lichter ausgehen, sondern *last seating* bzw. *last order*). Aber eben nicht alle. 24-Stunden-Lokale werben häufig mit *Graveyard Specials* (wörtlich: Friedhofsangebote), die nach der Geisterstunde serviert werden.

■ BUFFETS & BRUNCHES ■

BELLAGIO BUFFET   [114 B4]
Eines der elegantesten Buffets in Las Vegas. Sehr erlesene Speisen in stilvoller Umgebung. Große Auswahl verschiedener ethnischer Küchen (unter anderem italienisch, japanisch, chinesisch, mexikanisch). *Tgl. 7 bis 22 Uhr (mit kleinen Umbaupausen)* | *$ 15–36* | *im Bellagio* | *Tel. 702/693-71 11*

CARNIVAL WORLD BUFFET   [114 A4]
Beliebt und mehrmals preisgekrönt. Hier finden Sie eine sehr große Aus-

MARCO POLO HIGHLIGHTS

★ **Alizé**
Die Krönung der kulinarischen Genüsse
(Seite 48)

★ **House of Blues Gospel Brunch**
Futter für Leib und Seele bei
Gospelklängen (Seite 49)

★ **Mandalay Bay's Bayside Buffet**
Koloniale Vornehmheit unter Palmen
(Seite 49)

★ **SW Steakhouse**
Zarte Steaks im Schein von Wynns
Lightshow (Seite 50)

★ **VooDoo Steak & Lounge**
Steaks, kreolische Köstlichkeiten und
beste Aussicht (Seite 50)

★ **Bouchon**
Bistroklassiker und Austern am Pool
(Seite 50)

★ **Mon Ami Gabi**
Gute französische Küche zu Füßen des
Eiffelturms (Seite 51)

★ **Rain**
Pyrotechnik und Wasserspiele rings um
eine Tanzfläche aus Bambus (Seite 52)

wahl an schmackhaften Gerichten von Pizza bis zum asiatischen Barbecue sowie rund 70 verschiedene Kuchen und Desserts. *Tgl. 7.30–22 Uhr | $ 15–25 | im Rio | 3700 W. Flamingo Rd. | Tel. 702/777-77 77 | Bus 202 West ab Ecke Strip/ Flamingo Rd.*

FLAMINGO'S PARADISE GARDEN BUFFET [114 C4]

Saftig-grüne, tropische Umgebung und internationales Essen: französisch, chinesisch, mexikanisch, italienisch, deutsch. *Tgl. 7–15, 16–22 Uhr | $ 14–19,99 | im Flamingo | Tel. 702/ 733-31 11*

> GOURMETTEMPEL

Kulinarische Experimente, perfekte Bedienung

ALIZÉ ✹ ★ [114 A4]

Hungern Sie vorher ruhig, um sich ein Essen im Alizé leisten zu können. Exzellenter Service, kunstvolle Menügestaltung, eine riesige Auswahl an Weinen, dekorativ gelagert in einem einsichtbaren Kühlturm und obendrein noch eine phantastische Rundumaussicht auf die Stadt. *Minimumverzehr $ 45, 5-Gänge-Probiermenü $ 105 | tgl. ab 17.30 Uhr | 56. Stock im Palms | 4321 W. Flamingo Rd. | Tel. 702/951-70 00 | www.andre lv.com*

AUREOLE [116 A2]

Äußerst elegantes Design, gepaart mit kulinarischen amerikanischen Kreationen und exquisiten Weinen. Kellnerinnen in schwarzen Katzenanzügen klettern durch einen gläsernen Kühlturm, um die gewünschte Flasche zu angeln. *3-Gänge-Menu ab $ 75 | So–Do 18–22.30, Fr/Sa 17.30–22.30 Uhr, Lounge 18–24 Uhr | im Mandalay Bay | Tel. 702/632-74 01 | www.aureolelv.com*

EIFFEL TOWER RESTAURANT ✹ [114 C4–5]

Ein gläserner Aufzug bringt alle Gäste in den 11. Stock des Eiffelturms, dessen Metallstruktur bis ins Restaurant hineinragt. Klassische französische Küche.

Von den westlichen Tischen haben Sie zugleich einen Blick auf die Wasserschau des Bellagio. *Hauptgerichte ab $ 40 (mittags preiswerter) | tgl. 11.30 bis 14.30, So–Do auch 17–22.15, Fr/Sa bis 22.45 Uhr | im Paris | Tel. 702/ 948-69 37 | www.eiffeltowerrestaurant.com*

L'ATELIER DE JOËL ROBUCHON [116 C6]

Hochkarätiges französisches Essen vom Meister der Sterneköche in entspannter, intimer Atmosphäre. Man sitzt auf Barhockern und beobachtet, wie die Kreationen geschaffen werden. Es gibt u.a. ungewöhnliche Kombinationen wie Hamburger mit Foie gras und Hummer mit einem Hauch Curry und Fenchel. *Menüs ab $ 75 | So–Do 17.30–22, Fr/Sa bis 22.30 Uhr | im MGM Grand | Tel. 702/891-79 25 | www.joel-robuchon.com*

PICASSO [114 B4]

Vornehme französische Küche mit spanischen Tupfern. Elegantes Ambiente mit echten Picasso-Gemälden und -Skulpturen sowie wundervollen Blumenarrangements. *4-Gänge-Menü $ 105 | Mi–Mo ab 18 Uhr | im Bellagio | Tel. 702/693-72 23 | www.bellagio. com*

ESSEN & TRINKEN

HOUSE OF BLUES
GOSPEL BRUNCH ⭐ [116 A2]
Hier gibt es Nahrung für Leib und
Seele. Jeden Sonntag singt ein ande-
rer Gospelchor aus verschiedenen
Teilen des Landes. *Sonntags zu unter-
schiedlichen Zeiten | $ 50 | Tickets am
besten im Voraus kaufen | im Manda-
lay Bay | Tel. 702/632-76 00 | www.
mandalaybay.com*

LE VILLAGE BUFFET [114 C4–5]
Spezialitäten aus dem Burgund und
Elsass, aus der Provence und anderen
französischen Regionen mit köstli-
chen Saucen für die verschiedenen
Fleischsorten. Schön dekorierter Raum,
aber etwas gedrängt (wie in Paris
eben). Sonntags Champagner, so viel
Sie wollen. *Tgl. 7–22 Uhr | $ 13–25 |
im Paris | Tel. 702/946-70 00*

MAIN STREET STATION
GARDEN COURT [113 E1]
Gute Qualität, große Auswahl. Verschiedene Spezialitäten je nach Wochentag: dienstags Steaks, donners-
tags Filets und Shrimps, freitags Fisch
und Meeresgetier inklusive Hummer.
Sehr preiswert. *Tgl. 7–22 Uhr (mit
kleinen Umbaupausen) | $ 7–16 | 200
N. Main St. | Downtown | Tel. 702/
387-18 96 | Bus 301*

MANDALAY BAY'S
BAYSIDE BUFFET ⭐ [116 A2]
Keine besonders große, aber sehr gute
Auswahl in hervorragender Qualität
und ansprechender Umgebung. In-
time Atmosphäre, obwohl hier bis
zu 500 Gäste untergebracht werden
können. Große Fenster, die den Blick
auf den außergewöhnlichen Pool (mit
wahrhaftigem Strand) freigeben. Be-

Speisen zu Füßen des Eiffelturms

sonders köstlich sind die selbst gemachten Nachtische. *Tgl. 7–14.30,
17–22 Uhr | $ 14–25 | im Mandalay
Bay | Tel. 702/632-74 02*

THE BUFFET AT TI [114 C3]
Vor allem populäres amerikanisches
Essen, aber auch asiatische und italienische Leckereien, angeboten in
einer Art Straße mit kleinen Kiosken
und sechs Koch- und Grillstationen.
Freitags und samstags *Swanky Dishes,*
was so viel heißt wie „Angeberge-
richte", z. B. Hummer-Ravioli, *crab
legs* und Soufflés. *Tgl. 7–22.30 Uhr |
$ 12–26 | im TI Treasure Island | Tel.
702/894-71 11*

■ **RESTAURANTS €€€**
AQUAKNOX [114 C3]
Delikate Fischgerichte mit Zutaten,
die täglich frisch aus aller Welt ein-
geflogen werden. Stilvolle Umgebung

in der Nähe des „Canal Grande". *So–Do 17.30–23 Uhr (Bar 12 bis 1 Uhr), Fr/Sa bis 23.30 Uhr (Bar bis 2 Uhr) | im Venetian | Tel. 702/414-37 72 | www.venetian.com*

FLEUR DE LYS [116 A2]

Ein Monument aus echten Rosen an der Natursteinwand – Dekoration ist hier fast so wichtig wie das Essen selbst. Ausgefallene französische Gerichte des Chefkochs Hubert Keller werden serviert wie kleine Kunstwerke. Um Jackett wird gebeten. *Tgl. 17.30–22.30, Lounge 17–2 Uhr | im Mandalay Bay | Tel. 702/63 2 94 00 | www.mandalaybay.com*

MICHAEL MINA [114 B4]

Elegantes Fischrestaurant mit unkonventioneller Speisekarte: Schon mal Meeresfrüchte mit Foie gras, Muschel-Soufflé oder Fisch-Carpaccio probiert? *Tgl. ab 17.30 Uhr | im Bellagio | Tel. 702/693-72 23 | www.bellagio.com*

ROSEMARY'S RESTAURANT [0]
Insider Tipp

Liebe geht durch den Magen. Hier haben Wendy und Michael Jordan ihren Traum, gemeinsam zu arbeiten, verwirklicht. Gehobene Küche aus allen amerikanischen Regionen, wobei die südlichen dominieren. Inzwischen gibt's ein zweites *Rosemary's* im *Rio Hotel*, etwas weniger klassisch-amerikanisch und teurer. Besuchen Sie das Original, auch wenn es etwas abseits liegt! *Lunch Mo–Fr 11.30–14.30 Uhr, Dinner tgl. ab 17.30 Uhr | 8125 W. Sahara Ave. | Tel. 702/869-22 51 | www.rosemarys restaurant.com | Bus 204 West ab Strip/Sahara Ave.*

SW STEAKHOUSE ⭐ [114 C2–3]

Gute, zarte amerikanische Steaks kombiniert mit Anregungen aus der elsässischen Küche. Das Beste: Von der ☀ Terrasse haben Sie unmittelbaren Blick auf den *Lake of Dreams* und die sehenswerte, allabendliche Lightshow. *Tgl. ab 17.30 Uhr | im Wynn | Tel. 1-888-352-34 63 | www.wynnlasvegas.com*

TOP OF THE WORLD ☀ [113 D5]

Hier bezahlen Sie nicht nur fürs Essen, sondern auch für die tolle Aussicht. Das Innere des Restaurants dreht sich, sodass Sie einen faszinierenden Rundumblick aus dem 106. Stock auf die ganze Stadt haben. Das Essen ist gut, aber nicht so überragend wie die Preise. *Tgl. 11–15 und ab 17.30 Uhr | im Stratosphere | Tel. 702/380-77 77 | www.stratosphere hotel.com*

VOODOO STEAK & LOUNGE ⭐ ☀ [114 A4]

Wer weiß, welches Zauberpulver der Koch hier verwendet, um seine Steaks so schmackhaft zu machen. Feine amerikanisch-kreolische Küche, garantiert nicht mit einem Fluch belegt. Und ein Traumblick aus dem 50. Stock! *Tgl. ab 17 Uhr | im Rio | Tel. 1-800-752 9746 | www.riolas vegas.com*

■ RESTAURANTS €€

BOUCHON ⭐ [114 C3]

Französische Bistroklassiker in bodenständiger, gleichzeitig eleganter Umgebung oder draußen am Rande des Swimmingpools. *Tgl. 7–10.30, 17–22 Uhr, Sa/So Brunch 8–14 Uhr, Austernbar tgl. 15–22 Uhr | im*

„Top of the World" des Stratosphere: einmaliger Blick für Schwindelfreie

Venetian | Tel. 702/414-62 00 | www.
venetian.com

CHINA GRILL [116 A2]

Chinesisch mal ganz anders: zum
Beispiel Hummer-Pfannkuchen oder
scharf gewürzter Thunfisch aus der
Pfanne. Tgl. ab 17.30 Uhr | im
Mandalay Bay | Tel. 702/632-74 04 |
www.mandalaybay.com

HOFBRÄUHAUS [115 E5]

Heimweh? Lust auf Brotzeitteller,
Spätzle, Weißwurst und deutsches
Bier? Das blau-weiß dekorierte Hofbräuhaus bietet deutsche Spezialitäten,
serviert mit amerikanischer Freundlich-
keit im klimatisierten Biergarten.
So–Do 11–23, Fr/Sa 11–24 Uhr |
4510 Paradise Rd. | Nähe Hard Rock
Hotel | Tel. 702/853-23 37

HOUSE OF BLUES ▶▶ [116 A2]

Kreolische und Cajun-Spezialitäten
vor dem Konzert: seafood gumbo
(Fischsuppe), jambalaya (Eintopf
mit verschiedenen Fleischsorten,
manchmal auch Meerestieren) und
etouffée (ebenfalls ein Eintopf, meis-
tens mit crawfish, kleinen Flusskreb-
sen, die vor allem in Louisiana vor-
kommen). So–Do 7.30–24, Fr/Sa
7.30–1 Uhr | im Mandalay Bay | Tel.
702/632-76 05 | www.mandalaybay.
com

LITTLE BUDDHA RESTAURANT [114 A4] *Insider Tipp*

Ein Import aus Paris. Phantastische
Innenausstattung, exotische Atmosphäre, gelungene pazifische und chinesische Küche mit französischen
Einflüssen. Umfangreiche Sushi-Aus-
wahl. Tgl. ab 17.30 Uhr | im Palms |
4321 W. Flamingo Rd. | Tel. 702/942-
77 78 | www.littlebuddhalasvegas.com

MON AMI GABI ★ ☀ [114 C4–5]

Ein gemütliches Bistro mit guter
französischer Küche zu Füßen des
Eiffelturms. Das Mon Ami Gabi ist
eines der wenigen Restaurants, das
eine Terrasse direkt am Strip hat,
noch dazu mit Blick auf den Teich
des Bellagio. Tgl. ab 11 Uhr | im
Paris | Tel. 702/944-42 24 | www.
monamigabi.com

RESTAURANTS €€

PLANET HOLLYWOOD ▶▶ [114 B4]
Erfolgreiches Kinorestaurant mit Andenken und Ausstellungsstücken aus der Filmwelt. Amerikanische Küche mit mexikanischem und italienischem

schon. Amerikanisches Essen mit mexikanischem und karibischem Einschlag. *Tgl. ab 8 Uhr | im MGM Grand | Tel. 702/891-85 80 | www. rainforestcafe.com*

Leichte kalifornische Küche mit europäischem Einschlag: Spago im Ceasars Palace

Einfluss: Pizza, Pasta, Hamburger, Salate, Steaks. *So–Do 9–23, Fr/Sa 9–24 Uhr | im Caesars Palace | Reservierung erst ab 6 Personen, oft lange Warteschlangen | Tel. 702/791-78 27 | www.planethollywood.com*

RAINFOREST CAFÉ ⭐ [114 C6]
Essen im Dschungel, unter Lianen, neben Wasserfällen, beobachtet von Affen und Elefanten, die sich in unregelmäßigen Abständen zu Wort melden. Nicht alle Pflanzen und Tiere sind unecht, das hungrige Krokodil

SENSI [114 B4–5]
Internationale Gerichte, zubereitet vom deutschen Chefkoch Martin Heierling an der Kochstation in der Mitte des Restaurants. Preisgekrönt vom AAA (amerik. ADAC). *Mi–So 11–14.30, Mo–Do 17–21.45, Fr–So 17–22.15 Uhr | im Bellagio | Tel. 1-866-259 71 11 | www.bellagio.com*

SPAGO [114 B4]
Der Österreicher Wolfgang Puck begann seine Ausbildung zum Koch mit 14 in der französischen Provence und

trug seine Kenntnisse an die amerikanische Westküste. Das Spago, zunächst in Los Angeles und später auch in Las Vegas eröffnet, ist bekannt für seine Gourmetpizzen. Ansonsten gibt's hier gute Salate, Pasta, Fisch- und Fleischgerichte aus kalifornisch-italienischer Küche. *Café und Bar So–Do 11.30–23, Fr/Sa bis 24 Uhr, Restaurant tgl. 17.30–2 Uhr | im Caesars Palace | Tel. 702/369-63 00 | www.wolfgangpuck.com*

YOLÖS MEXICAN GRILL [114 C5]

Mexikanische Kantina mit leckeren Steakgerichten. Lockere Atmosphäre. *So–Do 11.30–22 Uhr (Bar bis 24 Uhr), Fr–Sa 11.30–23 Uhr (Bar bis 2 Uhr) | im Planet Hollywood | Tel. 702/733-73 73 | www.planethollywoodresort.com*

■ RESTAURANTS €

BOOTLEGGER BISTRO ▶▶ [0]

Das italienische „Schmuggler"-Lokal bietet eine reiche Auswahl an Pasta, Pizza, Huhn und Steak. *Tgl. 24 Std. | 7700 S. Las Vegas Blvd. | 5 Min. südlich vom Mandalay Bay | Tel. 702/736-49 39 | www.bootleggerlasvegas.com*

BOUGAINVILLEA [115 E4]

Amerikanische und chinesische Küche, gut und preiswert, besonders die Braten *(Rotisserie)*. Auch *Graveyard Specials. Tgl. 24 Std. (keine Reservierung) | im Terrible's | 4100 Paradise Rd. | Bus 202 East ab Ecke Strip/Flamingo Rd.*

CAFÉ ÎLE ST. LOUIS [114 C4–5]

Straßencafé à la parisienne. Frühstück rund um die Uhr mit verschiedenen europäischen Kaffees (Espresso, Milchkaffee). Französische Gerichte mittags und abends. *Tgl. 24 Std. (keine Reservierung) | im Paris*

COURTYARD CAFÉ [0]

Europäische und chinesische Küche zu guten Preisen. Ein anständiges T-Bone-Steak mit diversen Beilagen für $ 9 – das findet man in Las Vegas nicht gerade häufig. *Tgl. 24 Std. | im*

>LOW BUDGET

> Lunch statt Dinner: Essen Sie mittags statt abends, viele Restaurants haben preiswerte Lunch-Menus. Auf diese Weise wird so mancher Luxusschuppen erschwinglich.

> Niedrigpreise in Abseitslage: Immer mehr große Resorts abseits vom Strip versuchen, ihre abgelegene Lage durch niedrige Preise auszugleichen. Hier finden Sie exzellente Buffets zu moderaten Preisen. Westlich des Strip wird z.B. „Prime Rib" im *Cortez Room (Gold Coast Kasino* [114 A4]*)* günstig serviert. Östlich des Strip bietet *Mr. Lucky's (Hard Rock Hotel* [115 E5]*)* ein „Gambler's Special" für $ 8.95 (Steak, Shrimps, Salat, Kartoffel). Im nicht weit entfernten *Bougainvillea Cafe (Terrible's* [115 E4]*)* gibt's u.a. chinesischen Lunch für $ 4,99.

> *Food Courts* bieten preiswertes Essen in den Shopping-Malls (z.B. in der *Fashion Show Mall* [114 C2–3]*)*. Von Pizza über chinesisches Süß-Saures und mexikanische Tortillas bis hin zu Eis – alles in Selbstbedienung.

Orleans | 4500 W. Tropicana Ave. | Tel. 702/365-71 11 | Bus 201 West ab Ecke Strip/Tropicana Ave.

CYPRESS STREET
MARKETPLACE   [114 B4]

Stellen Sie an verschiedenen Ständen Ihr Menü selbst zusammen, und bezahlen Sie nach dem Essen. Salate, Suppen, Pizza, Sandwiches, Shrimps –

amerikanisch, vietnamesisch, chinesisch. Sie finden fast alles hier, das meiste unter $ 10. *Tgl. 11–23 Uhr (keine Reservierung) | im Caesars Palace*

DRAGON NOODLE   [114 B6]

Asiatische Nudelgerichte jeder Art mit frischen Zutaten und traditionelle chinesische Küche, gerne besucht

> SPEZIALITÄTEN

Genießen Sie die typische Las-Vegas-Küche!

BBQ honey glazed ribs – gegrillte, mit Honig glasierte Rippen
BBQ porterhouse steak – gegrilltes Rindersteak, meist riesig (Foto)
Bluecorn pancakes with toasted pine nuts and honey butter – Pfannkuchen aus blauem Mais mit gerösteten Pinienkernen und Honigbutter
Butternut squash soup – Suppe aus einer kleinen Kürbisart

Crispy baked onion rings – knusprig frittierte Zwiebelringe
Double chocolate fudge brownie – dunkler, süßer und kalorienreicher Schokoladenkuchen
Garlic mashed potatoes – Kartoffelbrei mit Knoblauch
Ginger sweet potatoes – rote Süßkartoffel mit Ingwer gewürzt
Nachos – mit Käse überbackene Maischips, mit Avocadocreme und/oder *sourcream* serviert
Pan fried lamb chops – in der Pfanne gebratene Lammkoteletts
Rosemary roasted chicken – mit Rosmarin gebratenes Huhn
Sirloin steak with baked potato – Lendensteak mit gebackener Kartoffel, gefüllt mit *sourcream*
Stuffed portobello – mit Kräutern oder Fleisch gefüllter Riesenpilz (Egerling), überbacken oder gegrillt
Sweet corn – süßer Mais, manchmal als *corn on the cob* (Maiskolben)
Tortilla chips & guacamole or salsa – Maischips mit Avocadocreme oder einer (scharf gewürzten) Sauce aus klein gehackten Tomaten, Chilis und Zwiebeln

Chili con carne – scharfer Bohneneintopf mit Hackfleisch und Chilischoten
Corn bread – gelbes Maisbrot, süß oder scharf gewürzt

auch von asiatischen Gästen. *So–Do 11–22, Fr/Sa 11–23 Uhr | im Monte Carlo | Tel. 702/730-79 65 | www.montecarlo.com*

GOLDEN GATE BAY CITY DINER [113 E1]

Ein amerikanisches *Diner*, dessen Preise, Portionen, Einrichtung und Bedienung an die „guten alten Zeiten" erinnern. Nehmen Sie Ihre Vorspeise an der *San Francisco Shrimp Bar* (im selben Hotel) ein. Der Shrimpscocktail mit hausgemachter Cocktailsauce für (immer noch!) 99 Cent ist der Renner. Seit 1959 wurden mehr als 30 Millionen davon verkauft! *Tgl. 7–2 Uhr | im Golden Gate | Tel. 702/385-19 06*

HARD ROCK CAFE [115 E5]

Einfach, gut und preiswert. Burger, Sandwiches, Steaks und anderes. Zu erkennen an der überdimensionalen Gitarre über dem Eingang. Bewundern Sie beim Essen Elvis Presleys Gitarren, Madonnas Jacke oder Elton Johns Anzug. *Tgl. ab 11 Uhr | 4475 Paradise Rd. | Tel. 702/733-12 75 | www.hardrock.com | Bus 202 East ab Ecke Strip/Flamingo Rd., auf der Paradise Rd. umsteigen in den Bus 108 South oder zu Fuß*

HARLEY-DAVIDSON CAFE [114 C5]

Dekoriert mit Billy Joels und Elvis' Zweirädern und Route-66-Andenken, nicht zu vergessen natürlich die überdimensionale Harley, die durch die Wand des Cafés bricht. Nicht nur für Rocker und ihre Bräute. Amerikanische Karte mit mexikanisch-italienischem Einschlag: Sandwiches, Hackfleisch, Chilis und Pasta. *So–Do 11–23, Fr/Sa 11–24 Uhr | 3725 S. Las*

Eine von weither sichtbare E-Gitarre weist den Weg zum Hard Rock Cafe

Vegas Blvd. | Tel. 702/740-45 55 | www.harley-davidsoncafe.com

TIFFANY'S AT THE WHITE CROSS PHARMACY ▶▶ [113 D4]

Insider Tipp

Das erste rund um die Uhr geöffnete Restaurant in Las Vegas, seit über 60 Jahren im Geschäft. Zwar wechselte kürzlich der Besitzer und möbelte die alte Lunchtheke etwas auf, aber viel hat sich nicht verändert. Sitzen Sie an der Bar, und beobachten Sie die Köche bei ihrer rasanten Arbeit. Grillfleisch, Hamburger und hoch gelobte *milkshakes! Tgl. 24 Std. (keine Reservierung) | 1700 S. Las Vegas Blvd. | kurzer Fußweg nördlich des Stratosphere | Tel. 702/444-44 59*

> COWBOYHUT UND SHOWGIRLBOA

Originell, cool, ausgefallen:
Statten Sie sich aus fürs Nachtleben in Las Vegas

> **Der Einkaufsbummel kann in Las Vegas zum Erlebnis werden. Die großen Kasinos besitzen Einkaufsgalerien mit zum Teil mehr als hundert Geschäften.**

Jede Galerie hat ihren eigenen Charakter, und fast alle bieten kostenlose Unterhaltung. Billig sind die meisten natürlich nicht, im Gegenteil, die Kasinos schmücken sich gern mit Luxusläden. Wer günstig einkaufen will, sucht besser Malls und Geschäfte außerhalb der Kasinohotels auf.

Alle Preise sind Nettopreise. Die Verkaufssteuer von 7,5 Prozent wird erst an der Kasse addiert.

■ ANDENKEN ■
CITTÀ DELLE LUCI   [114 C3]
Hier finden Sie geschmackvolle Las Vegas-Andenken mit italienischem Touch. T-Shirts, Hüte, Becher, Stifte und sonstiger Nippes mit Las-Vegas-Logos. *So–Do 10–23, Fr/Sa 10–24 Uhr | im Venetian*

Bild: 55 Degrees Wine & Design im Mandalay Bay

EIN KAUFEN

SIRENS' COVE SHOPPE [114 C3]
Hier gibt's alles für Piraten: Kleidung, Zubehör und Andenken. *Tgl. 10–23 Uhr | TI Treasure Island*

■ GALERIEN ■

CENTAUR ART GALLERIES [114 C2–3]
Pop-Art, zeitgenössische Kunst, Bilder des 20. Jhs., Skulpturen und besondere Druckgrafiken. Darunter Gemälde von Salvador Dalí, Pablo Picasso, Rembrandt, James Whistler oder auch Steve Kaufman, ehemals Assistent bei Andy Warhol. *Mo–Sa 10–21, So 11–19 Uhr | Fashion Show Mall 3200 S. Las Vegas Blvd. | www.centaurgalleries.com | Trolley oder Bus 301 North*

■ GLÜCKSSPIEL ■

GAMBLER'S BOOK SHOP ▶▶ [113 F3]
Hier gibt's alles, was Sie jemals übers Glücksspiel wissen wollten: Bücher, Videos, Software. Treffpunkt für

HAARE

Spieler, Journalisten und Forscher. *Mo–Sa 9–17 Uhr | 630 S. 11th St. | www.gamblersbook.com | The Deuce bis Charleston Blvd., dann Bus 206 East*

GAMBLER'S GENERAL STORE ▶▶ [113 D3]
Würfel, Karten, Chips – die Rundum-Ausstattung für den Spieler. Spieler-tricks und Tipps und Las-Vegas-Sou-venirs. *Tgl. 9–18 Uhr | 800 S. Main St. | Downtown | www.gamblersge-neralstore.com | The Deuce bis Charleston Blvd., dann Bus 206 East*

■ HAARE ■

SERGE'S SHOWGIRL WIGS [113 E5]
Kurze, lange, braune, blonde, schwar-ze, rote – hier gibt's jede Frisur nach Maß und Wunsch. Seit 20 Jahren versorgt der Laden die Vegas-Show-girls. *Mo–Sa 10–17.30 Uhr | 953 E. Sahara Ave. | www.showgirlwigs.com | Bus 204 East ab Ecke Strip/Sahara Ave.*

TRUEFITT & HILL [114 B4]
Der Barbershop für Gentlemen mit einer 200-jährigen, königlichen Tra-dition. Präsidenten, Premierminister und britische Hoheiten zählen zu seiner Kundschaft. *So–Do 10–23, Fr/Sa 10–24 Uhr | Forum Shops at Caesars Palace*

■ KLEIDUNG ■

ALPACA PETE'S [113 D5]
Hier finden Sie handgearbeitete Fell-stiefel, Teppiche, Decken, Pullover und Jacken aus Alpaka (feine wär-mende Wolle, einst den Inka-Häupt-lingen vorbehalten). *So–Do 10–23, Fr/Sa 10–24 Uhr | fünf Geschäfte, u. a. im Stratosphere*

Fashion Show Mall: Kein Wunsch in dieser Outlet-Mall bleibt unerfüllt

SHEPLERS WESTERN WEAR [0]
Leder und lange Fransen, Western-jacken und Jeans, Hemden und Hüte, Gürtel und Stiefel in allen Farben. *Mo–Sa 10–21, So 11–18 Uhr | 4700 W. Sahara Ave. | Bus 201 East ab Ecke Strip/Tropicana Ave. | Bus 204 West ab Strip/Sahara Ave.*

THE ATTIC ▶▶ [113 D3] Insider Tipp
Schrill und schräg, sowohl in der Aufmachung als auch im Angebot. Große Auswahl an verrückten altmo-dischen, zum Teil gebrauchten Kla-motten, auch ein paar Möbel und Dekogegenstände. *Ungewöhnlich: Eintritt $ 1 | Mo–Do 9–17, Fr 10 bis*

18, Sa 11–18 Uhr | 1018 S. Main St. | Downtown | www.atticvintage.com | The Deuce bis Charleston Blvd., dann Bus 206 West

THRILLER CLOTHING CO. [115 F3]
Haben Sie das Gefühl, Ihnen fehlt die passende Ausstattung für die Nächte in Glitzer-Vegas? Ausgefallene modische Abendgarderobe für Damen kreiert und verkauft hier Marrie Hill. *Mo–Do 11–18, Fr/Sa 12–19, So 12 bis 17 Uhr | 855 E. Twain Ave., Ecke Swenson St. | www.thrillerclothing lasvegas.com | Bus 203 East ab Ecke Strip/Sands Ave.*

URBAN OUTFITTERS ▶▶ [116 A2]
Ausgefallene Kleidung und Accessoires, bunt gemischt mit orginellen Einrichtungs- und Dekoartikeln. *So–Do 10–23, Fr/Sa 10–24 Uhr | im Mandalay Bay*

■ KULINARISCHES ■
LENÔTRE [114 C4–5]
Echt französische Konditorei im unechten Paris. Himmlische Trüffelpralinen und andere Köstlichkeiten. *Tgl. 10–23 Uhr | im Paris*

■ MALLS / EINKAUFSZENTREN
FASHION SHOW MALL [114 C2–3]
Eine selbst für amerikanische Verhältnisse gigantische Mall mit über zweihundert Läden, darunter sieben Kaufhäuser. Hier gibt's einfach alles! *Mo–Sa 10–21, So 11–19 Uhr | 3200 S. Las Vegas Blvd. | www.thefashion show.com | The Deuce*

FORUM SHOPS AT CAESARS ★ [114 B4]
Abwechslungsreiches Shopping unter mittelmeerblauem Himmel, vorbei an römischen Brunnen, Statuen und stündlichen Shows. Mehr als hundert Geschäfte gehobener und mittlerer Preisklasse, u.a. Louis Vuitton, Christian Dior, Gucci und Gianni Versace. *So–Do 10–23, Fr/Sa 10–24 Uhr | im Caesars Palace*

GRAND CANAL SHOPPES ★ [114 C3]
Spazieren Sie über den Markusplatz, am Canal Grande entlang, nehmen Sie sich eine Gondel. Verschiedenste Geschäfte, darunter einige mit typisch venezianischen Produkten: *Il Prato* verkauft wunderschöne Masken,

MARCO POLO HIGHLIGHTS

★ **Forum Shops at Caesars**
Wo die Götter lebendig werden
(Seite 59)

★ **Grand Canal Shoppes**
Einkaufstüten in die Gondel laden
(Seite 59)

★ **Le Boulevard**
Shopping mit Stil *à la française*
(Seite 60)

★ **Mandalay Place**
Erst ein Wein, dann ein Buch – oder umgekehrt (Seite 60)

★ **Wynn Esplanade**
Erlesene Ware zu erlesenen Preisen
(Seite 61)

★ **Las Vegas Premium Outlets**
Spitzenauswahl zu Niedrigpreisen
(Seite 61)

Kostüme und Marionetten, *Ripa de Monti* bietet aus Venedig importierte Glas- und Papierwaren. *So–Do 10 bis 23, Fr/Sa 10–24 Uhr | im Venetian*

LE BOULEVARD ⭐ [114 C4–5]

Bummeln Sie über Kopfsteinpflaster, vorbei an kleinen Boutiquen. Französische Spezialitäten, Dessous und vieles mehr – z.B. alles für Bett und Bad im *Les Mémoires*. *Tgl. 10–23 Uhr | im Paris*

MANDALAY PLACE ⭐ [116 A2]

Edles Einkaufen bei bekannten Marken. Beachtenswert: *The Chocolate Swan* mit handgemachten Trüffelpralinen, ein einmaliger Laden, (noch) keine Kette. *The Reading Room* hat sich auf den Verkauf von Büchern mit begrenzter Auflage spezialisiert. *So–Do 10–23, Fr/Sa 10–24 Uhr | im Mandalay Bay*

MIRACLE MILE SHOPS [114 B4]

Das *Planet Hollywood* setzt mit seiner Shopping-Mall auf funky, jung und trendy. Kleidung, Schmuck und andere Accessoires, Kleinmöbel und Geschenkartikel finden Sie hier in 170 Geschäften zu mittleren Preisen. Mal reinschauen in der *Bettie Page Boutique* – alles im 50er-Jahre-Stil. *So–Do 10–23, Fr/Sa 10–24 Uhr | im Planet Hollywood*

SHOWCASE MALL [114 C6]

M&M's World ist die größte Attraktion dieser kleinen Mall. Hier gibt's die bunten Schokoladenkügelchen in den verschiedensten originellen Verpackungen. Außerdem T-Shirts, Magneten, Schlipse mit M&M-Motiv. Wer davon durstig wird, ist genau richtig in *The World of Coca Cola*, wo Nostalgieflaschen und andere Produkte mit dem Logo des weltberühmten Getränks angeboten werden.

Ripa de Monti: Glasshop in den Grand Canal Shoppes im Venetian

Unterschiedliche Öffnungszeiten der Geschäfte | 3785 S. Las Vegas Blvd. (neben MGM Grand)

VIA BELLAGIO   [114 B4]

Klein, aber fein im wahrsten Sinne des Wortes. Nur wenige Geschäfte, Luxusartikel zu Luxuspreisen, darunter Chanel, Gucci, Tiffany & Co. *Tgl. 10–24 Uhr | im Bellagio*

WYNN ESPLANADE   [114 C2]

Exquisit und originell. Nur für pralle Portemonnaies – leider. Angeblich gibt's hier fast nur Sachen zu kaufen, die Steve Wynn selbst gefallen. *So–Do 10–23, Fr/Sa 10–24 Uhr | im Wynn*

ZIA RECORD EXCHANGE   [0]

Große Auswahl an neuen und gebrauchten CDs, Rock, Punk, Jazz, Soundtracks. Lokalgrößen von Las Vegas spielen hier freitags und samstags. *Tgl. 10–24 Uhr | 4225 S. Eastern Ave., No. 17 | www.zia records.com | Bus 202 East ab Ecke Strip/Flamingo Rd.*

■ SCHMUCK

VEGAS BEADS   [0]

Körbe und Wände voller Perlen jeder Art. Ketten, Armbänder oder Material zum Selbstbasteln. *Mo–Fr 10 bis 18, Sa 10–17, So 12–17 Uhr | 3480 Spring Mountain Rd. | www.vegas beads.com | Bus 203 West ab Ecke Strip/Spring Mountain Rd.*

■ SCHUHE

COWTOWN BOOTS   [115 F4]

der Top

Unglaubliche Auswahl an Westernstiefeln für sie und ihn – aus Schlangen-, Büffel-, Straußen- oder Krokodilleder. Auch Hüte, Gürtel, Jeans, Hemden. *Mo–Sa 10–19, So 12–18 Uhr | 1080 E. Flamingo | www.cow townboots.com | Bus 202 East ab Ecke Strip/Flamingo Rd.*

■ TABAK

DON PABLO CIGAR CO.   [114 C2]

Beobachten Sie, wie die Zigarren auf traditionelle kubanische Art hergestellt werden – allerdings keineswegs mit Tabak aus Kuba (die Handelsbeziehungen mit Fidel Castro sind nach wie vor eingefroren). Freie Führungen durch die kleine Fabrik. *Mo–Sa 9–18, So 10–16 Uhr | 3049 S. Las Vegas Blvd. | Suite 25 | www.donpablocigars.com*

■ TATTOOS

STUDIO 21 TATTOO GALLERY ▶▶   [0]

Alteingesessener Familienbetrieb, hell und freundlich, mit Kunstgalerie. *Tgl. 12–21 Uhr | 6020 W. Flamingo Rd. | www.studio21tattoo. com | Bus 202 West ab Ecke Strip/Flamingo Rd.*

>LOW BUDGET

> Alle großen Marken gibt's in den beiden *Outlet-Malls* günstig zu kaufen, besonders Kleidung, Sportartikel, Lederwaren und Parfüm. Die ★ *Las Vegas Premium Outlets* [112–107 C-D3] liegen nördlich des Strip (*Mo–Sa 10–21, So 10–20 Uhr | 875 S. Grand Central Parkway | www.premium outlets.com | ab Downtown Transportation Center (DTC) Downtown Shoppers Express oder Bus 106 oder 108*).

> Das *Las Vegas Outlet Center* [0] liegt südlich des Strip (*Mo–Sa 10–21, So 10–20 Uhr | 7400 S. Las Vegas Blvd. | www.premiumoutlets.com | vom South Strip Transfer Terminal (SSTT) gehen mehrere Busse zum Outlet Center, u.a. The Deuce*).

> ZWISCHEN EISBLÖCKEN UND KARIBISCHEN RHYTHMEN

Phantastische Shows und originelle Bars halten Sie wach bis zum Morgengrauen

> **Für Leute, die gerne die Nacht zum Tage machen, ist Las Vegas das Paradies. Sie müssten schon recht lange bleiben (und viel Geld gewinnen), um das abendliche Unterhaltungsangebot voll wahrzunehmen. Auch hier gilt: Freitag- und Samstagnacht ist immer am meisten los.**

Alle großen Themenhotels werben mit mindestens einer großen Show. Daneben oft noch Comedy, Kabarett und Musik in kleineren Sälen. Zwar kommen klassische Stripteaseshows bei vielen männlichen Las-Vegas-Besuchern immer noch gut an, doch die wahren Hits sind die gigantischen Shows. Ein echtes Erlebnis sind vor allem die unterschiedlichen Vorführungen des kanadischen *Cirque du Soleil*, der sein Publikum mit einer Mischung aus Artistik, Tanz, Musik und Theater in den Bann zieht. Hier ist vorzeitige Reservierung angesagt.

Las Vegas bietet außerdem eine überwältigende Auswahl an originel-

Bild: Rumjungle im Mandalay Bay

AM ABEND

len Kneipen und Diskos, die sich hier *clubs* (Getränke, Tanzfläche), *bars* (Getränke, Essen, Musik) oder auch *lounges* (Getränke, Livemusikeinlagen) nennen. Manche Restaurants sind gleichzeitig Diskos oder werden nach dem Dinner kurzerhand dazu verwandelt. Wer hier gegessen hat, spart das Eintrittsgeld. Die meisten Clubs achten recht streng auf Kleiderordnung *(dress code)*. In vielen Diskos zahlen Frauen weniger als Män-

ner, ist *ladies night*, haben sie sogar freien Eintritt. Wo bei den folgenden Adressen keine Preise angegeben sind, ist der Eintritt kostenlos.

Manche Clubs sind so angesagt, dass man sich stundenlang die Beine in den Bauch steht, bis man endlich Einlass findet. Über *www.vegas.com* können Sie *front-of-the-line-tickets* erwerben, die Sie automatisch an den Kopf der Warteschlange katapultieren. Informative Website mit

Trends und Meinungen über Nacht-clubs: *www.jackcolton.com*.

<mark>Zum Auftakt Ihres nächtlichen Streifzugs sollten Sie sich unbedingt</mark>

Insider Tipp

schlange geht's mitnichten der Reihe nach; der Türsteher sucht aus, wer reindarf. *Mi, Fr–So 22.30–4 Uhr | Eintritt $ 20–30 | im Hard Rock Hotel*

Tanzen mit Liveband auf schwankenden Planken: Cleopatra's Barge

<mark>einen guten Aussichtspunkt suchen</mark> – sei es ein Turm oder eine Bar mit Terrasse – und beobachten, wie die Stadt in der Wüste ihre Lichter anzündet und am Horizont die Sonne untergeht. Und wenn Sie dann ohne Plan einfach durch ein Kasino schlen-dern möchten, werden Sie sich im *Caesars Palace* oder im *Paris* sicher nicht langweilen.

■ BARS, CLUBS & LOUNGES ■

BODY ENGLISH ▶▶ [115 E5]

Beliebter Club, nicht zuletzt wegen der Musikmischung: Mix aus Rock, House und Hip-Hop. In der Warte-

CLEOPATRA'S BARGE [114 B4]

Tanzen Sie auf der Nachbildung einer ägyptischen Barkasse, die sanft auf seichtem Wasser schaukelt. *Tgl. 20.30–3 Uhr; Livemusik ab 21.30 Uhr | im Caesars Palace*

DRAI'S AFTER HOURS [114 C4]

Hat der Kellner den letzten Teller abgeräumt, wird das französische Res-taurant zum angesagten Partyort. Coo-le Einrichtung in Rot-Schwarz mit Palmen, Büchern und breiten Sofas. Deep House und Trance-Musik. *Mi–Sa 24 Uhr bis zum Morgengrauen (Dresscode) | Eintritt $ 20–30 | im*

> *www.marcopolo.de/lasvegas*

Keller von Bill's Gamblin Hall and Saloon | 3595 S. Las Vegas Blvd.

GHOSTBAR ☼ [114 A4]

Mit seiner türkis-violetten Beleuchtung ist eher kühl als cool. Unschlagbar ist allerdings die Aussicht durch drei gläserne Wände und die Terrasse im 55. Stockwerk. Relativ klein und großer Andrang, also am besten früh kommen. *Tgl. 20–4 Uhr (Dresscode) | Eintritt $ 20–30 | im Palms | 4321 W. Flamingo Rd. | www.n9negroup.com/ghostbar-las-vegas.html*

HOUSE OF BLUES
LATE NIGHT ★ [116 A2]

In den Wochenendnächten verwandelt sich der Konzertsaal in einen quirligen Tanzschuppen mit Musik der 1970er- und 80er-Jahre, Hip-Hop und Rhythm & Blues, samstags gibt es Livemusik mit den Boogie Knights. Wer gern den Überblick behalten möchte, hat beste Aussichten von der Galerie. *Eintritt ab $ 10 (Dresscode) | im Mandalay Bay | www.hob.com*

MARGARITAVILLE [114 C4]

Es gebe nichts Besseres als die Kombination guter Musik und guten Essens, befand der Sänger Jimmy Buffet und eröffnete mehrere Restaurants und Bars, eine davon in Las Vegas. Mittelpunkt der exotisch-tropischen Ausstattung ist die drei Stockwerke hohe *Volcano Bar.* Jeder Vulkanausbruch pumpt Unmengen von Margarita in zwei riesige Mixer. Der ☼ Balkon Insider Tipp ist perfekt, um mit dem Drink in der Hand das Leben auf dem Strip zu beobachten. Oder ab auf die Tanzfläche. *So–Do 23–2, Fr/Sa bis 3 Uhr, Livemusik 22–2 Uhr | im Flamingo | www.margaritavillelasvegas.com*

MIX LOUNGE ☼ [116 A2]

Cocktails mit Aussicht und das dekadenteste Klo der Welt: Auch hier

MARCO POLO HIGHLIGHTS

★ **House of Blues Late Night**
Richtig heiß geht's hier vor allem am Wochenende zu (Seite 65)

★ **Rain**
Pyrotechnik und Wasserspiele rings um eine Tanzfläche aus Bambus (Seite 66)

★ **Red Square**
Ein Prosit auf die Genossen: über hundert Sorten Wodka (Seite 66)

★ **Rumjungle**
Rum und Rhythmus aus der Karibik (Seite 66)

★ **Tao Nightclub**
Asiatisch und sexy mit tollem Blick (Seite 67)

★ **Elton John**
Der Weltstar mit dem roten Piano (Seite 69)

★ **O**
Phantastische Artistik in 5 Mio. Liter Wasser (Seite 71)

★ **Zumanity – Another Side of Cirque du Soleil**
Erotische Show – provokativ, aber niveauvoll (Seite 71)

bieten Ihnen Panoramafenster allerbesten Blick über die Stadt. *Tgl. ab 17 Uhr | Eintritt $ 20–25 | im THEhotel im Mandalay Bay*

NINE FINE IRISHMEN [114 B6]

Pubatmosphäre, inspiriert von der Geschichte neun „feiner" Iren, die alle zu Beginn des 19. Jhs. lebten und deren Schicksal auf unterschiedliche Weise von den revolutionären

Lust auf russischen Kaviar? Dann müssen Sie ins Red Square im Mandalay Bay

Umwälzungen 1848 geprägt wurde. Dunkles Starkbier und anschließend einen irischen Whiskey! *So–Do 11 bis 3, Fr/Sa 11–4 Uhr | im New York-New York | www.ninefineirishmen. com*

RAIN ⭐ [114 A4]

Der Eintritt durch einen futuristischen Tunnel aus goldfarbenen, spiegelnden Mosaiken gibt schon einen Vorgeschmack auf die trickreiche Einrichtung: phantastische Lichteffekte, Blitze, Nebel und Pyrotechnik. Computergesteuerte Wasserspiele umgeben die Bambustanzfläche. Oft House und Techno-Musik. *Fr/Sa ab 22 Uhr (Dresscode) | Eintritt $ 30 | im Palms | 4321 W. Flamingo Rd. | www. palms.com |*

RED SQUARE ⭐ [116 A2]

Ausgefallene Deko mit kommunistischen Propagandakunstwerken, kopfloser Leninstatue und einem riesigen Eisblock als Theke. Bar und Restaurant. Viele russische Spezialitäten auf der Karte, die ansonsten dem Ende des Kalten Krieges Rechnung trägt und auch westliche Gerichte bietet. Beeindruckend: eine einzigartige Kaviarauswahl und mehr als hundert Wodkasorten in einem begehbaren Kühlschrank. *So–Do 17–2, Fr/Sa 16 bis 4 Uhr | unbedingt reservieren: Tel. 702/632-74 07 | im Mandalay Bay*

RUMJUNGLE ⭐ [116 A2]

Beeindruckende Auswahl an Rumsorten und raffinierte Ausstattung: Feuer- und Wasserwände, von innen erleuchtete Regenbogentheke. Karibische, afrikanische und lateinamerikanische Rhythmen, oft live, auf zwei Etagen. Dresscode: *„dress to impress!".* Mi–Sa ab 23 Uhr | Eintritt ab $ 30 | im Mandalay Bay*

SHADOW BAR [114 B4]

Nippen Sie an einem der vielen Cocktails, und beobachten Sie die

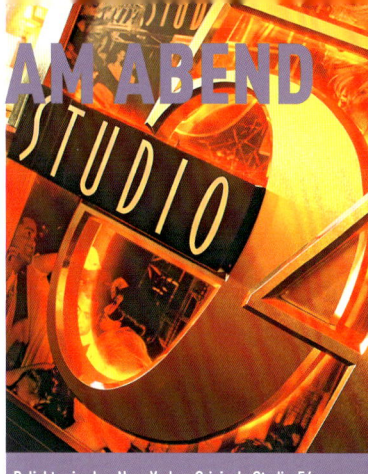

Schattenrisse der Stripteasetänzerinnen, die ihre <mark>wohlchoreografierten Auftritte hinter einer transparenten Leinwand aufführen</mark>. *Mo–Do 12–4 Uhr, Fr–So 24 Std. und abends Liveunterhaltung* | *im Caesars Palace*

STUDIO 54 [114 C6]

Das New Yorker Original setzte in den 1970er-Jahren Diskotrends. Zu früherer (nächtlicher) Stunde wird hier vor allem Disco und Hip-Hop gespielt, später dann Techno- und House-Musik. Go-go-Tänzerinnen und -Tänzer animieren nicht nur auf den Tanzflächen, sondern auch in Schaukäfigen, die von der Decke baumeln. *Di–Sa ab 22 Uhr bis zum Morgengrauen* | *Eintritt $ 30–40* | *im MGM Grand* | *www.studio54lv.com*

Beliebt wie das New Yorker Original: Studio 54

TAO NIGHTCLUB ⭐ ❄ [114 C3]

Asiatisch dekorierte Disco. Verraten wir gleich, was Sie sehen, wenn Sie den Club verlassen: sechs Models, die in Rosenblättern baden. Terrasse mit Blick auf die Stadt. Musik: Hip-

> BÜCHER & FILME

Glücksspiel, Liebe und Musik

> **Leaving Las Vegas** – Zwei Menschen, mit denen es das Leben nicht besonders gut meinte, treffen und verlieben sich in Las Vegas. Mit Nicolas Cage und Elisabeth Shue (1995).

> **Casino** – Packendes Mafiadrama mit realem Hintergrund. Mit Robert de Niro und Sharon Stone (1995).

> **Ocean's Eleven** – Raffinierter Raubzug ins Allerheiligste mehrerer Luxuskasinos. Mit George Clooney, Julia Roberts, Brad Pitt, Matt Damon und den Klitschko-Brüdern (2001, weitere Folgen 2004 und 2007).

> **The Cooler** – Ein skrupelloser Kasinoboss setzt einen Pechvogel an die Spieltische. Spannendes Drama mit Alec Baldwin und William H. Macy (2003).

> **Bill Moody, Moulin Rouge** – Ein realitätsnaher Krimi um das kurze Leben des ersten schwarzen Clubs in Las Vegas, das Moulin Rouge (2002).

> **Mario Puzo, Las Vegas** – Ein Buch über Mafiosi, Callgirls, Zuhälter und Spieler in Las Vegas, die der Traum vom großen Gewinn verbindet (2002).

> **Andy Bellin, Full House** – Das Sachbuch, das sich streckenweise liest wie ein Roman, gibt Einblick in die Seele eines Pokerprofis, ins Bluffen und Tricksen (2002).

> **Holly-Jane Rahlens, Mazel Tov in Las Vegas** – Eine verzwickte deutsch-amerikanisch-jüdische Familiengeschichte um eine Heirat in Las Vegas (2002).

Hop, House, Rock. *Mi–Sa ab 22 Uhr, Lounge 17–4 Uhr* | *Eintritt $ 40* | *im Venetian*

THE BAR AT TIMES SQUARE [114 B6]

Zwei Pianisten machen sich gegenseitig Konkurrenz auf dem Las Vegas Times Square und sorgen für beste Stimmung. Extra Zigarrenraucherraum mit außergewöhnlicher Aus-

TRYST ▶▶ [114 C2]

Direkt am *Lake of Dreams* gelegen und zum Teil offen, bietet dieser Club etwas, das in Las Vegas' Nachtleben immer mehr zum Trend wird: frische Luft! Edle Ausstattung, dementsprechend sind auch die Preise der Getränke. Hauptsächlich Hip-Hop. *Do–So ab 22 Uhr* | *manchmal Eintritt ab $ 30* | *im Wynn*

Zwei Pianisten im Duell, heiße Atmosphäre und coole Drinks: The Bar at Times Square

wahl. *Tgl. rund um die Uhr, Programm ab 20 Uhr, dann Eintritt $ 10* | *im New York-New York*

THE LIVING ROOM ▶▶ [114 C5]

In diesem „Wohnzimmer" als Lounge herrscht großzügige Gemütlichkeit, hervorgerufen durch Kaminfeuer, Sofas und Samtvorhänge, intime Musik und verführerische Cocktails. *Do–Sa und Mo ab 22 Uhr* | *im Planet Hollywood* | *www.planethollywood resort.com*

VOODOO LOUNGE ☀ [114 A4]

Ein phantastischer Ausblick aus dem 51. Stock und gute Drinks in exotischer Atmosphäre. Jede Nacht Livemusik ab 21 Uhr (Hip-Hop und die Top 40). Das Beste: die große Terrasse mit Panoramablick, Fr und Sa mit DJ draußen. *Tgl. 17–3 Uhr* | *ab 20 Uhr Eintritt $ 20–30* | *im Rio*

■ COMEDY-CLUBS ■

Las Vegas ist bekannt für seine Comedy-Clubs, in denen nicht nur lokale Größen und werdende Stars auftreten, sondern auch regelmäßig international bekannte *comedians* wie Jerry Seinfeld und Rita Rudner. Achten Sie auf die wechselnden Programme vom *Rising Star (Excalibur)*, *Comedy Stop (Tropicana)*, *Improv Comedy Club (Harrah's)*, *Laugh Trax (Palace Station)*, *Riviera Comedy Club (Riviera)* und vom *Second City (Flamingo)*. Das aktuelle Programm finden Sie auch unter *www.vegas.com*.

■ KINOS

CENTURY 18 ORLEANS   [114 B6]
12 Kinosäle mit einem breiten Filmangebot. *Eintritt $ 10 | im Orleans | 4500 W. Tropicana Ave. | Tel. 702/ 227-34 56 | www.coastmovies.com | Bus 201 ab Ecke Strip/Tropicana Ave.*

GALAXY NEONOPOLIS   [113 E2]
Gigantisch: 14 Kinosäle, einige mit digitalem Sound und Riesenleinwand. *Eintritt $ 9,50 | 450 E. Fremont St. | Downtown | Tel. 702/383-96 00 | www.galaxytheatres.com | Bus 301*

■ NACHTFLÜGE

❋ Erleben Sie die *City of Lights* bei Nacht. Hubschrauberflüge über das Lichtermeer von Las Vegas bieten u.a. an: *Maverick Helicopters (ab $ 99 | Tel. 702/261-00 07 | www.maverickhelicopter.com)*.

■ POOLPARTYS

Mehrere Hotels verwandeln abends ihre Swimmingpools zu Nachtclubs und Diskos unter freiem Himmel. Manche servieren einfach nur Cocktails, andere fahren umfangreiche Buffets auf. Das *Mandalay Bay* und

das *Paris Las Vegas* bauen sogar ab und zu riesige Bühnen auf für Stars wie Billy Idol, die Go Gos oder Susan Tedeschi. Termine erfahren Sie in den betreffenden Hotels, u. a. im *Venetian*, *Rio* und *Caesars Palace*.

■ SHOWS

ELTON JOHN ⭐   [114 B4]
In regelmäßigen Abständen gastiert Elton John mit seinem roten Piano im Colosseum. *Eintritt ab $ 131 | im Venetian | Tickets Tel. 1-888-435-86 65 | www.caesarspalace.com*

ICE: DIRECT FROM RUSSIA   [115 D1]
Draußen mag es noch so heiß sein, im Riviera bleibt es eisig für die 42

>LOW BUDGET

> Die großen Hotels verfügen über mindestens eine Lounge mit Livemusik oder DJ in der Nähe ihrer Kasinos. Machen Sie sich's bequem, es kostet keinen Eintritt. In den meisten Lounges wird nicht einmal verlangt, dass Sie ein Getränk bestellen.

> *Tix4Tonight* bietet Showkarten für denselben Tag zur Hälfte des Normalpreises. Neuerdings gibt es hier auch Rabatt auf Restaurantreservierungen *(Tel. 1-800-269-84 99)*. *Tix4Tonight* ist an mehreren Orten zu finden, z.B. im Hawaiian Marketplace [114 B4] *(3743 S. Las Vegas Blvd.)*, vor der Fashion Show Mall in der Nähe des Kaufhauses Neiman Marcus [114 C2] *(3200 S. Las Vegas Blvd.)* und downtown beim 4 Queens Hotel [113 E2] *(202 Fremont St.)*. *Tgl. 11–20 Uhr | Tel. 1-877-849 48 68 | www.tix4tonight.com*

Eisläufer und ihre wunderschöne Show, die Eiskunstlauf und Akrobatik kombiniert. *Sa–Do 20 Uhr | Eintritt ab $ 80 | im Riviera | 2901 S. Las Vegas Blvd. | www.rivierahotel.com*

JUBILÉE! [114 C4]
Klassische Vegas-oben-ohne-Revue. Über 70 Showgirls in farbenprächtigen Kostümen, Federboas und mit gigantischem Kopfschmuck, der zum Teil mehr als 15 kg wiegt. Fast alles drei Jahrzehnte alt und original aus den Anfängen des Jubilée. Drei bekannte Geschichten bilden die Kernstücke der Show *Der Untergang der Titanic, Samson & Delilah, Ginger & Fred.* Blitzschnell müssen sich die Tänzerinnen zwei Treppen tiefer von einem in das andere aufwendige Kostüm werfen. Die *Backstage Walking Tour* gibt einen Blick hinter die Bühne frei *(Mo, Mi, Sa 11 Uhr, $ 15–18 | Tel. 702/967-49 38).* Sa bis Do 19.30 und 22.30 Uhr | Eintritt ab $ 50 | im Bally's | Tickets Tel. 1-800-237-74 69 | *www.ballyslv.com*

LANCE BURTON [114 B6]
Ein charmanter, humorvoller Magier, der zwar keine Kaninchen aus dem Hut zieht, aber Handschuhe in Tauben verwandelt und mal eben die Enten vervielfacht, wenn sie zum Abendessen gebraucht werden. Gut in Szene gesetzte, sehr beliebte Zaubershow! *Mi–Fr 19, Di und Sa 19 und 22 Uhr | Eintritt $ 66,50, $ 72,55 | im Monte Carlo | Tickets Tel. 702/730-71 60 | www.montecarlo.com*

LOVE [114 B3]
Begründet auf alter Freundschaft zwischen George Harrison (2001 verstorben) und dem Cirque-du-Soleil-Gründer Guy Laliberté bringen 60 internationale Künstler die Beatles-Songs in einer phantastischen Musicalproduktion auf die Bühne. Vor und nach der Show geht's weiter mit Beatles-Musik – original und remixt – in der *Revolution Lounge (tgl. 18–4 Uhr)* und der *Abbey Road Bar (tgl. 12–4 Uhr). Do–Mo 19 und 21.30 Uhr | Eintritt ab $ 99 | im Mirage | Tickets*

Große Show eines charmanten Magiers: Lance Burton begeistert im Monte Carlo

*Tel. 1-800-963-96 34 | www.cirquedu
soleil.com*

MYSTÈRE [114 C3]

Die erste Las-Vegas-Show des
Cirque du Soleil von 1993, der man
nachsagt, die Unterhaltungsszene der
Stadt nachhaltig verändert zu haben.
Eine farbenprächtige, energiegeladene-
ne Mischung aus surrealem Zirkus
und Kabarett mit atemberaubender
Akrobatik, originellem Witz, einmaliger Bühnengestaltung sowie un-
glaublichen Kostümen und passender
Musik. *Sa–Mi 19 und 21.30, So 16.30
und 19 Uhr | Eintritt ab $ 69 | im
TI Treasure Island | Tickets Tel. 702/
894-77 22 | www.treasureislandlas
vegas.com*

0 ⭐ [114 B4]

„O" wie „eau" – das Lebenselixier
Wasser. Die Wassershow des *Cirque
du Soleil* dreht sich um Leben, Liebe,
Tod. Aus 20 m Höhe springen die
Artisten in ein 5-Mio.-Liter-Becken
und tauchen erst nach Minuten wieder
auf. Unsichtbar fürs Publikum ver-
folgen sie unter Wasser das Gesche-
hen auf der Bühne, während sie mit
Sauerstoff versorgt werden. Unglaub-
lich perfekte Synchronschwimmer
und -schwimmerinnen sowie grandi-
ose Kostüme, die wirken, als seien sie
auf den Körper gemalt. *Mi–So 19.30
und 22.30 Uhr | Eintritt ab $ 99 | im
Bellagio | Tickets Tel. 702/693-77 22 |
www.bellagio.com*

"O": spektakuläre Wassershow des
Cirque du Soleil im Bellagio

ZUMANITY – ANOTHER SIDE OF
CIRQUE DU SOLEIL ⭐ [114 B6]

Der *Cirque du Soleil* wagt sich an
eine erotische Show und kreiert tatsächlich etwas Außergewöhnliches.
„Zumanity" – eine Wortschöpfung
aus „zoo" und „humanity" spielt auf
die tierischen Gelüste im menschli-
chen Wesen an, hier vertreten von
Darstellern unterschiedlichster Her-
kunft, Größe, Figur und Ausstrah-
lung. Die Show ist künstlerisch niveauvoll, provokativ (da unver-
klemmt) und anregend. Einfach spit-
ze! *Mi–So 19.30 und 22.30 Uhr |
Eintritt ab $ 69 | im New York-New
York | Tickets Tel. 702/740-68 15 |
www.zumanity.com*

> BEVORZUGEN SIE PLÜSCH ODER ART DÉCO?

Zum Schlafen lässt Las Vegas kaum Zeit –
trotzdem finden Sie hier originellste Unterkünfte

> Ein Hotel mit weniger als 1000 Zimmern ist in Las Vegas als familiär einzuordnen. Die größeren Themenhotels nähern sich entweder der 4000-Zimmer-Grenze oder haben sie längst überschritten. Jährlich entstehen neue Türme, die aus den Giganten Megagiganten machen.

Der aktuelle Trend ist nun, den neuen Türmen einen eigenen Namen und Charakter zuzuschreiben. Manche werben mit Balkons, andere damit, „kasinofrei" zu sein. Die neuen Hotels sind fast ausschließlich luxuriös ausgestattet und teuer. Die Spielerstadt befindet sich im Bauboom. Fragen Sie also vor dem Buchen unbedingt, ob Sie mit Baustellen zu rechnen haben. Und berücksichtigen Sie: Je größer das Hotel, desto hindernisreicher unter Umständen der Weg zu Ihrem eigenen Zimmer.

Die meisten Hotels leiten ihre Gäste unvermeidlich durchs Kasino, das gleichsam die Lobby ist, hoffend,

Bild: Restaurant im Mandalay Bay

ÜBER NACHTEN

dass der ein oder andere dem Sog der Automaten und Spieltische nicht widerstehen kann. Aber genau das ist auch das Attraktive: Diese Stadt macht es ihren Besuchern wirklich schwer, nichts zu erleben.

Die Sehenswürdigkeiten sind fast alle downtown und auf dem Strip konzentriert, der verkehrsmäßig so überlastet ist, dass schon mancher den Beginn der reservierten Show verpasst hat. Wer nicht gern lange läuft, fährt oder wartet, sollte dies berücksichtigen oder auf die Anbindung an die Monorail achten.

Während Sie die Attraktionen aller Kasinohotels auch genießen können, ohne dort zu wohnen, sind die zum Teil unvergleichlich aufwendig gestalteten Swimmingpools nur Hausgästen zugänglich. Wenn Sie ein Fan von Badelandschaften sind, informieren Sie sich am besten vorab über die Beschaffenheit des Pools.

In den meisten Hotels können Sie zwischen Queensize- und Kingsize-Bett wählen, d. h. französischem oder breiterem Doppelbett. Profane Ein-

Wahrzeichen des Kasinohotels MGM Grand: ein riesiger goldener Löwe

zelbetten gibt es nicht. Geben Sie auch an, ob Sie lieber ein Raucher- oder ein Nichtraucherzimmer möchten. Und: Je höher Ihr Zimmer, desto besser die Aussicht!

Viele der oft preiswerteren Motels, bei denen Sie Ihr Auto direkt vor der Zimmertür parken können, bieten ein einfaches *continental breakfast* an, d. h. Brot, Croissant oder Muffin und Kaffee oder Tee. Die Riesenhotels haben diesen Service fast alle eingestellt. Aber auch hier ist das Parken für Gäste – und für Besucher – in den meisten Fällen frei.

■ HOTELS €€€

CAESARS PALACE [114 B4]
Eines der ältesten (seit 1966) und typischsten Las-Vegas-Hotels. Die älteren *Deluxe Rooms* – so nennen sich hier die einfachsten Zimmer – wirken manchmal etwas abgegriffen, aber die höheren Kategorien sind gut ausgestattet, viele mit Marmorbad, Whirlpool, verspiegelten Decken. Der *Garden of the Gods* ist eine phantastische Anlage mit drei Pools und Spa. *2500 Zi. | 3570 S. Las Vegas Blvd. | Tel. 702/731-71 10 | www.caesarpalace.com*

HARD ROCK HOTEL ★ [115 E5]
Wer in den 1960ern wild gerockt hat, sollte heute so weit sein, sich ein gutes Hotel leisten zu können, dachten sich wohl die Gründer. Großzügige Räume im 60er-Jahre-Stil, attraktive Poolanlage, schönes Spa. *650 Zi. | 4455 Paradise Rd./Ecke Harmon Ave. | Tel. 702/693-50 00 | www.hardrockhotel.com | Hotelshuttle zum Strip (Caesars Palace)*

HILTON LAS VEGAS [115 D1]
Nicht gerade das schönste der großen Hotels, aber wenn gerade mal kein Kongress ist, kann man hier wirklich günstig ein gutes Zimmer bekommen. Pool und Spa sind vorhanden. *3200 Zi. | 3000 S. Paradise Rd. | Tel. 702/732-51 11 | www.hilton.com*

> **www.marcopolo.de/lasvegas**

MANDALAY BAY ⭐ [116 A2]

Tropisch-pazifisches Thema und koloniale Atmosphäre. Geräumige, dezent dekorierte Zimmer und schöne Bäder. Übersichtlich angelegt, da das Kasino vom Hotel getrennt liegt. Per eigene Monorail ist es mit dem Excalibur verbunden. Super Spa, 2.800 m² groß, Fitnesscenter sowie vier Pools, einer davon mit Wellenanlage und einem richtigen Strand! *3300 Zi. | 3950 S. Las Vegas Blvd. | Tel. 702/632-77 77 | www.mandalaybay.com*

MGM GRAND [114 C6]

Eines der größten Hotels der Welt. Im *Grand Tower* große, geschmackvoll eingerichtete Räume im 1930er-Jahre-Stil. Schöne Schwarz-Weiß-Fotos aus der Welt der Filmstars. Im *Emerald Tower* wohnen Sie entschieden bescheidener. Große Poolanlage und Spa. *5034 Zi. | 3799 S. Las Vegas Blvd. | Tel. 702/891-77 77 | www.mgmgrand.com*

MIRAGE [114 B3]

Das erste moderne Themenluxushotel, mit dem Las-Vegas-Mogul Steve Wynn eine neue Ära einläutete. Inzwischen gehört es schon zur älteren Generation, wird seinem guten Ruf aber nach wie vor gerecht. Der Weg zum Hotelzimmer führt durch einen tropischen Regenwald, vorbei an Orchideen und Wasserfällen. Die Zimmer selbst sind klassisch-elegant eingerichtet, nicht so groß wie in vielen anderen Hotels, aber komfortabel. Edles Spa und zwei Pools unter Palmen. *3000 Zi. | 3400 S. Las Vegas Blvd. | Tel. 702/791-71 11 | www.mirage.com*

PARIS LAS VEGAS ⭐ ❄ [114 C5]

Paris *en miniature*. Zimmer mit Blick auf den Eiffelturm und auf das Wasserballett des Bellagio. Dem Sonnenkönig hätten die Räume wahrscheinlich nicht genügt, aber sie sind vornehm-gediegen und komfortabel eingerichtet. Hübsche Bäder mit tiefen

MARCO POLO HIGHLIGHTS

⭐ Hard Rock Hotel
Schwofen und schlafen mit Rocklegenden (Seite 74)

⭐ Mandalay Bay
Koloniale Vornehmheit unter Palmen (Seite 75)

⭐ Paris Las Vegas
Französischer Schick unterm Eiffelturm (Seite 75)

⭐ Bellagio
Patrizier-Eleganz und uneingeschränkter Komfort am See (Seite 76)

⭐ The Venetian
Großzügiger Luxus am Canal Grande (Seite 76)

⭐ Wynn Las Vegas
Gold und Reichtum zwischen Wasserfällen und Lagunen (Seite 76)

⭐ Main Street Station
Liebevolle Dekoration aus aller Welt (Seite 80)

⭐ Orleans
Der Charme des tiefen Südens (Seite 81)

Wannen. Schönes Spa und ein Pool zu Füßen des Eiffelturms. *2900 Zi. | 3655 S. Las Vegas Blvd. | Tel. 1-877-603-43 86 | www.parislasvegas.com*

THE RIO [114 A4]
Carneval Brazil rund ums Jahr. Das Rio besitzt ausschließlich Suiten mit Sitz-

ecken, begehbaren Schränken und Kühlschränken. Ansprechende Poolanlage mit Wasserfällen und Sandstrand. Ein schönes Hotel, leider etwas abgelegen, doch ein Shuttle zum Strip *(Harrah's Hotel)* fährt alle 30 Minuten. *2500 Zi. | 3700 W. Flamingo Rd. | Tel. 1-866-746-76 71 | www.riolas*

> LUXUSHOTELS
Exquisites Wohnen und Übernachten

BELLAGIO ⭐ [114 B4]
Eines der vornehmsten Hotels auf dem Strip. Plüschig-feudal eingerichtete Zimmer, geräumige Bäder, exzellenter Service. ❀ Zum Strip zeigende Räume bieten Blick aufs Wasserballett. Sechs Pools in einem wundervoll angelegten römischen Garten. Luxuriös: Spa und Fitnesscenter. *Ab $ 129 | 3900 Zi. | 3600 S. Las Vegas Blvd. | Tel. 702/693-74 44 | www.bellagio.com*

FOUR SEASONS [116 A2]
In der Luxuskategorie nach wie vor die Nummer eins mit unübertroffen gutem Service. Das Four Seasons belegt die oberen fünf Stockwerke des Mandalay Bay und bildet hier eine – im Kontrast zum klingelnden Kasinoleben ringsum – unwirklich ruhige Oase. Äußerst elegantes Mobiliar. Die Einrichtungen des Mandalay Bay können mitbenutzt werden. *Ab $ 279 | 400 Zi. | 3950 S. Las Vegas Blvd. | Tel. 702/632-50 00 | www.fourseasons.com*

THEHOTEL [116 A2]
Der ebenso zum Mandalay Bay gehörende Luxusturm ist durchgestylt in schwarzen und cremefarbenen Tönen. Asiatisch beeinflusste klare Architektur mit bester

Ausstattung. Kasinofrei. *Ab $ 120 | 1100 Suiten | 3950 S. Las Vegas Blvd. | Tel. 702/632-77 77 | www.thehotelatmandalaybay.com*

THE VENETIAN ⭐ [114 C3]
Am Markusplatz und Canal Grande gibt es keine einfachen Zimmer, sondern nur Suiten, alle großzügig ausgestattet. Behagliche Sitzecken mit Ausziehcouch, Baldachin über dem Bett und großartige Marmorbäder. Besonders luxuriöse Suiten finden Sie im neueren *Venezia-Tower*. Außergewöhnliches Spa, Fitnesscenter mit Kletterwand sowie drei Pools. *Ab $ 179 | 4000 Zi. | 3355 S. Las Vegas Blvd. | Tel. 702/414-10 00 | www.venetian.com*

WYNN LAS VEGAS ⭐ [114 C2–3]
Modern und elegant eingerichtete Zimmer und Suiten, nach hinten mit phantastischem Blick auf den fast künstlich wirkenden Golfrasen. Farbenfrohes Ambiente, vornehm gedämpfte Atmosphäre. Großzügige, geschmackvolle Badezimmer. Einladende Poollandschaft und abwechslungsreiches Spa. *Ab $ 168 | 2700 Zi. | 3131 S. Las Vegas Blvd. | Tel. 1-877-321-99 66 | www.wynnlasvegas.com*

vegas.com | Bus 202 West ab Ecke Strip/Flamingo Rd.

SIGNATURE [114 C6]

Die drei neuen Luxustürme des *MGM Grand* besitzen nur Suiten, viele mit und Brunnen. Kein Kasino, keine Hochhäuser. Nur Suiten, klassisch-elegant eingerichtet, die alle über einen eigenen Zugang zum Garten verfügen. Drei Pools, schön begrünt. *500 Zi. | 375 E. Harmon Ave., zwei*

Venezianische Pracht mit amerikanisch-luxuriösem Styling: The Venetian

Balkon. Bester Service und elegante Ausstattung. *3 Türme mit jeweils 576 Zi. | 145 E. Harmon Ave., nahe am Strip | Tel. 1-877-612-21 21 | www. signaturemgmgrand.com*

■ HOTELS €€

ALEXIS PARK [115 D5–6]

Wunderschöne, ruhige Hotelanlage mit zweistöckigen, bungalowähnlichen Gebäuden zwischen Palmen *Blocks entfernt vom Strip | Tel. 702/ 796-33 00 | www.alexispark.com*

BALLY'S [114 C4]

Zwar hat dieses Hotel weder einen See noch Achterbahn oder Ähnliches zu bieten, ist kein Themenhotel, und das Kasino wirkt etwas ältlich. Aber die Lage – mitten auf dem Strip, direkt neben dem *Paris* – ist geradezu perfekt. Und die Zimmer sind alle geräumig, renoviert und gut ausgestattet. *2800 Zi. | 3645 S. Las Vegas Blvd. | Tel. 702/739-41 11 | www.ballyslasvegas.com*

FLAMINGO LAS VEGAS [114 C4]

Seit Gründung durch den Mafioso Bugsy Siegel (1946) hat sich natürlich viel verändert. Der Lack blättert, *first class* ist das Flamingo nicht mehr. Aber es bietet große, anständig eingerichtete Zimmer in sehr zentraler Lage und fünf Pools. Wasserrutschen

>LOW BUDGET

> Haben Sie die Wahl, so kommen Sie lieber in der Woche: Die Zimmer sind Freitag- und Samstagnacht viel teurer als in der Zeit von Sonntag bis Donnerstag.

> Vermeiden Sie Las Vegas, wenn dort große Kongresse oder Sportereignisse stattfinden, besonders die Medienmesse NAB oder das NCAA Basketball Finale. Diese Ereignisse treiben die Kosten steil in die Höhe.

> Wenn Sie darauf verzichten, mitten auf dem Strip zu wohnen (z.B. in Downtown), haben Sie eine gute Chance, eine günstige Unterkunft zu finden.

> Das *USA Hostel Las Vegas* [113 F2] ist eine recht komfortable Jugendherberge mit Whirlpool, Schwimmbad, Billard, Tischfußball, Internetzugang und gut ausgestatteter Küche. Tägliches Pfannkuchenfrühstück und Barbecue am Sonntag sind im Preis enthalten, ebenso Transport zum Bus oder Bahnhof. *1322 Fremont St. | Downtown | Tel. 702/385-11 50 | www.usahostels.com*

in einer karibisch gestalteten Landschaft mit Bächen, Brunnen und Lagunen. *4000 Zi. | 3555 S. Las Vegas Blvd. | Tel. 1-888-902-99 29 | www.flamingolasvegas.com*

DESERT ROSE RESORT [116 B1] Insi Tip

Großzügige Suiten mit voll eingerichteten Küchen und Balkonen nur einen Block entfernt vom Strip. Der Zimmerpreis schließt nicht nur *continental breakfast*, sondern ein richtiges Frühstücksbuffet sowie eine *happy hour* mit Imbiss am Nachmittag ein. Außenpool und kleines Fitnesscenter vorhanden. *280 Zi. | 5051 Duke Ellington Way | Tel. 702/739-70 00 | Fax 739/93 50 | www.desertroseresort.com*

LUXOR [116 A2]

Schlafen wie am Hofe des Pharaos. Allein die Fahrt mit dem 39 Grad schrägen Fahrstuhl bis zum 30. Stockwerk der Pyramide ist ein Erlebnis. Das ägyptische Motto spiegelt sich auch in der originellen Einrichtung der Zimmer wider, gemischt mit Art déco. Fragen Sie unbedingt nach einem renovierten Zimmer, die alten haben es wirklich sehr nötig. Großzügige Poolanlage und Spa. *4400 Zi. | 3900 S. Las Vegas Blvd. | Tel. 1-877-386-46 58 | www.luxor.com*

MONTE CARLO [114 B6]

Die Innenausstattung glänzt mit Messing, Marmor und poliertem Granit. Etwas sehr gewichtig wird hier auf den Spielerreichtum aufmerksam gemacht. Ein gutes Hotel der mittleren Generation. *3000 Zi. | 3770 S. Las Vegas Blvd. | Tel. 702/730-70 00 | www.montecarlo.com*

Im Luxor wird Ihr Schlaf von einer zehnstöckigen Sphinx bewacht

NEW YORK-NEW YORK [114 B6]

Die Zimmer (in 64 unterschiedlichen Stilrichtungen) sind auf verschiedene Türme verteilt, alle tragen New-Yorker Namen, und die meisten werden im weitesten Sinne vom Art déco inspiriert (merkwürdigerweise sind sie je größer und teurer, desto weniger geschmackvoll gestaltet). Einige sind so eng wie im wahrhaftigen New York. Lassen Sie sich nicht zu dicht an der Achterbahn einquartieren (Lärm)! *2000 Zi. | 3790 S. Las Vegas Blvd. | Tel. 1-866-815-43 65 69 | www.nynyhotelcasino.com*

TI TREASURE ISLAND [114 C3]

Die kleine, etwas preiswertere Schwester des *Mirage* auf der Suche nach einem eigenen Image. Hier und da finden sich noch ein paar Relikte aus alten Piratenzeiten des *Treasure Island* in der Lobby und den Zimmern, deren Einrichtung ansonsten an Zeiten französischer Kolonialherrschaft erinnert. Schöne Badezimmer, genug Platz und Bequemlichkeit. Ein Pool, von Palmen umsäumt, und nettes Spa. *2900 Zi. | 3300 S. Las Vegas Blvd. | Tel. 702/894-71 11 | www.treasureislandlasvegas.com*

■ HOTELS €

BEST WESTERN MARDI GRAS INN [115 D3]

Motel mit geräumigen Suiten verschiedener Größe, alle mit Wohnecken und Küche. Kürzlich renoviert. Kostenloser Shuttle zum Strip. *300 Zi. | 3500 Paradise Rd. | zwischen Sands Ave. und Desert Inn Rd. | Tel. 1-800-634-65 01 | www.mardigrasinn. com | Bus 203 ab Ecke Strip/Sands Ave. oder Monorail*

EXCALIBUR [116 A1]

Mittelalterliche Burg mit Türmchen und Zugbrücke. Eines der größten und unter den Themenhotels eines der billigsten. Dementsprechend einfache Ausstattung. Sehr rummelig. Vorsicht: In *Tower 2* kann die Achterbahn vom *New York-New York* stören. *4000 Zi. | 3850 S. Las Vegas Blvd. | Tel. 1-877-750-54 64 | www.excali bur.com*

GOLD COAST [114 A4]

Für Goldgräber, die noch kein Gold gefunden haben, bietet das Gold

lichkeit und seinen Charme bewahrt und gilt damit als das „historischste" Kasino der Stadt. Die Preise sind natürlich mit der Zeit gegangen, aber längst nicht so sehr wie andernorts. *Kein Pool. 100 Zi. | 1 Fremont St. | Downtown | Tel. 1-800-426-19 06 | www.goldengatecasino.com | Bus 301*

Selbst das preisgünstige Motel 6 besitzt einen eigenen Pool

Coast eine durchaus zufriedenstellende Unterkunft. Hell und einfach eingerichtet. Hübsche, kleine Poolanlage. Gern besucht von Ortsansässigen, die den Bingoraum und die Kegelbahn lieben. *700 Zi. | 4000 W. Flamingo Rd. | Tel. 702/367-71 11 | www.goldcoastcasino.com | Bus 202 East ab Ecke Strip/Flamingo Rd.*

Insider Tipp GOLDEN GATE [113 E1]

Eines der ältesten Hotels der Stadt, 1906 eröffnet, hat seine Ursprüng-

MAIN STREET STATION ⭐ [113 E1]

Ein mit viel Liebe zum historischen Detail dekoriertes Hotel mit einfachen, aber geschmackvoll eingerichteten Zimmern. Obwohl das Hotel gut isoliert ist, fragen Sie lieber nach einem Südzimmer (auf der Nordseite macht sich der Zugverkehr bemerkbar). Sie können kostenlos den Swimmingpool im Nachbarhotel nutzen. *450 Zi. | 200 N. Main St. | Downtown | Tel. 702/387-18 96 | www. mainstreetcasino.com | Bus 301*

GOLDEN NUGGET [113 E2]

Ein sehr gut ausgestattetes Hotel mit altmodischem Glitzercharme. Es ist Downtowns vornehmstes Hotel, das kürzlich renoviert wurde. Außergewöhnlich ist der Pool, der Ihnen ein Wettschwimmen mit Haien erlaubt (natürlich hinter Trennglas). *129 E. Fremont St. | Downtown | Tel. 1-800-950-77 00 | www.goldennugget.com*

MOTEL 6 [116 B1]

Eines der preiswertesten Motels in der Stadt, trotzdem eine akzeptable Unterkunft mit Pool in recht guter Lage nicht weit vom MGM Grand. *600 Zi. | 195 E. Tropicana Ave. | Tel. 702/798-07 28 | www.motel6.com | Bus 201 East ab Ecke Strip/Tropicana Ave.*

AMERICA'S BEST VALUE INN [116 B1]

Motel ohne Kasino, einfach eingerichtet, keine Schnörkel. Nur einen Block vom Strip entfernt. Verfügt über einen recht schönen Pool. *250 Zi. | 167 E. Tropicana Ave. | Tel. 1-817-333-52 12 | www.americasbestvalueinn.com | Bus 201 East ab Ecke Strip/Tropicana Ave.*

ORLEANS ⭐ [114 B6]

Disney-Version von New Orleans in einem charmanten, altfranzösischen Stil. Reichlich dekorierte Zimmer in L-Form mit gemütlicher Sitzecke am Fenster. Vorhanden sind auch zwei Pools, Fitnesscenter und Spa. Regelmäßiger Shuttle zum Strip *(Barbary Coast). 1800 Zi. | 4500 W. Tropicana Ave. | Tel. 702/365-71 11 | www.orleanscasino.com | Bus 201 West ab Ecke Strip/Tropicana Ave.*

TERRIBLE'S [115 E4] *Insider Tipp*

Ganz und gar kein schrecklicher Ort, im Gegenteil. Angesichts der wirklich niedrigen Preise muss man dieses Kasinohotel sogar als wunderhübsch beschreiben. Natürlich sind die Räume einfach ausgestattet, aber sie sind freundlich und ordentlich. Sie variieren allerdings sehr in der Größe, fragen Sie also nach einem geräumigen Zimmer. Schön begrünte Poolanlage. Seinen Namen hat das Hotel übrigens von seinem Besitzer Ed „Terrible" Herbst. *370 Zi. | 4100 Paradise Rd. | Ecke Flamingo | Tel. 1-817-333-52 12 | www.terribleherbst.com | Bus 202 East ab Ecke Strip/Flamingo Rd.*

> BUCHEN IM INTERNET
Hotelzimmer per Mausklick

Die Übernachtungspreise in Las Vegas unterliegen extremen Schwankungen. Ein und dasselbe Zimmer wird mal für 60, mal für 300 Euro angeboten – je nach Wochentag und Jahreszeit, ob gerade ein Kongress stattfindet oder eine sonstige Großveranstaltung. Suchen Sie per Internet das beste Angebot, doch rufen Sie als Vorsichtsmaßnahme das Hotel mindestens zweimal zur Bestätigung an, um sicherzugehen, dass reserviert wurde, was Sie bestellt haben. Über folgende Websites können Sie buchen: *www.vegas.com, www.lasvegas.com* oder *www.vegas4visitors.com*

SIN CITY FÜR KLEINE

Jugendfreie Attraktionen
für den Nachwuchs im Spielerparadies

> Der leichte Rückgang der Geschäfte in den 80er-Jahren brachte die Unterhaltungsindustrie in Las Vegas auf die Idee, ganz neue Besucher in die Stadt zu locken, nämlich Familien mit Kindern. Ohne großen Erfolg. Las Vegas macht sein Geld mit Glücksspiel, Alkohol und Sex – alles Beschäftigungen, von denen Eltern im Allgemeinen ihre Kinder fernhalten möchten.

Die Anreize, Kinder mitzubringen, wurden weitestgehend gekappt. Vielerorts sind Kinder nicht erwünscht, in den Kasinos und überall, wo Alkohol ausgeschenkt wird, ist ihnen der Aufenthalt sogar per Gesetz verboten. Unter 18-Jährige dürfen nicht mal zuschauen. Man kann auf der anderen Seite aber davon ausgehen, dass sich Kinder und Jugendliche in der funkelnden Wüstenoase keineswegs langweilen werden. Viele Attraktionen, die Las Vegas bietet, amüsieren Groß und Klein gleichermaßen. Besonders im *Excalibur* und im *Circus Circus* gibt es Angebote für Kinder. Diese Hotels gehören zu den preiswerteren, die

Billig-Rummel-Atmosphäre mag manchem Erwachsenen allerdings nicht gefallen.

Außer den nachfolgend genannten Attraktionen sind für Kinder oder Jugendliche u. a. auch geeignet: die weißen Tiger, Delphine und der Vulkanausbruch im *Mirage*, die Haie im *Mandalay Bay*, die Löwen im *MGM Grand*, die *Ethel M. Chocolate Factory*, die Rides und 3-D-Abenteuer im *Luxor, New York-New York, Caesars Palace, Stratosphere*. Einige der Fahrten setzen eine bestimmte Größe oder Alter voraus.

BABYSITTING

Nannies & Housekeepers USA ist eine Organisation, die qualifizierte und überprüfte Kinderbetreuung vermittelt. Bezahlen müssen Sie dafür stolze $ 45 pro Stunde *(mind. 4 Std. | Tel. 702/451-00 21 | www.nahusa.com)*.

Grandma Dotti's Babysitting funktioniert mehr wie bezahlte Nachbarschaftshilfe. Für $15 pro Stunde kommt eine Babysitterin in Ihr Hotelzimmer *(mind. 3*

>MIT KINDERN UNTERWEGS

Std. | Tel. 702/456-11 75). Hotels stellen in der Regel keine Babysitter zur Verfügung, nennen bei Bedarf aber Nummern von weiteren Agenturen.

CIRCUS CIRCUS [114 C1]
Schon seit der Eröffnung 1968 unterhält dieses Hotel einen permanenten Zirkus. Clowns, Jongleure, Trapezkünstler und andere Topartisten aus aller Welt treten jeden Tag zweimal pro Stunde in der kleinen Manege über dem Kasino auf *(11–24 Uhr | Eintritt frei | am besten 10 Min. vorher kommen).*

Hinter dem Hotel befindet sich unter einer großen Glaskuppel ein riesiger Vergnügungspark, der *Adventuredome*, mit mehr als 20 verschiedenen Attraktionen, darunter Wasserrutsche, Bootsfahrt, Kletterwand und Minigolf *(Richtwerte, die Zeiten variieren sehr je nach Saison: Mo–Do 11–18, Fr/Sa 10–24, So 10–20 Uhr | Eintritt frei, Tagesticket für alle Attraktionen $ 24,95). 2880 S. Las Vegas Blvd. | Tel. 702/794-39 12 | www.circuscircus. com*

EXCALIBUR [116 A1]
Tournament of the Kings, eine Dinnershow. Mit den Händen wie im Mittelalter essen und dabei zusehen, wie die Könige Europas an Arthurs Hof dramatisch mit dem bösen Hexenmeister Mordred kämpfen. Stumpfe Schwerter, aber echte Pferde und pyrotechnische Effekte. Etwas einfältig, trotzdem ein Erlebnis *(Mi–Mo 18 und 20.30 Uhr | Eintritt ab $ 62, Essen und Softdrinks inkl. | Tel. 702/597-76 00).* Auch im Excalibur: der *SpongeBob Squarepants 4D Ride (Mo–Do 10–23, Fr–So 10–14 Uhr | Eintritt $ 7,95). 3850 S. Las Vegas Blvd. | www. excalibur.com*

SCANDIA FAMILY FUN CENTER [114 B1]
Ein Vergnügungspark für die ganze Familie mit Minigolf *($ 5,95)*, Gokarts *($ 3,95)*, Booten, Baseballkäfigen mit Soft- und Hardballs *($ 1,50 für 25 Schläge)* und Spielautomaten. *Im Sommer tgl. 10–1, Winter 10–22 Uhr | eine Fahrt $ 5,50 oder Tagespass $15–18 | 2900 Sirius Ave. | www.scandiafun.com*

> GEWINNEN, VERLIEREN, HEIRATEN

Glück im Spiel und Glück in der Liebe – in Las Vegas
ist beides zu haben

> In Las Vegas wird man schon zum Spielen animiert, bevor man richtig angekommen ist. Spielautomaten begrüßen Sie bereits auf dem Flughafen.

Rund 90 Prozent der Touristen verbringen ein paar Stunden täglich am Spieltisch oder an *slotmachines* mit einem durchschnittlichen Budget von $ 500. Darunter sind solche, die sich für $ 20–30 eine nette, vielleicht auch aufregende Zeit im Kasino machen, ebenso wie solche, die hier 4-, 5- oder 6-stellige Summen verspielen – die sogenannten *high rollers*. Diese erhalten als Belohnung für ihr Spielerengagement diverse verlockende Vergünstigungen: Limousinenfahrten, Restaurantbesuche, preisgünstigere Hotelzimmer oder gar Gratisübernachtungen.

Auch für die Gelegenheitsspieler lohnt es, sich eine *players club card* in einem (oder mehreren) Kasinos seiner Wahl ausstellen zu lassen.

> *www.marcopolo.de/lasvegas*

LAS VEGAS SPECIAL

Stecken Sie diese jedes Mal, wenn Sie spielen, in den Automaten bzw. geben Sie sie dem Spielleiter *(dealer)*. Je nach Spielzeit und Einsatzhöhe gewinnen Sie Punkte, die Sie in Gutscheine *(comps)* für Rabatte z.B. auf Zimmerpreise und Showtickets, auf Einkäufe in hoteleigenen Andenkenläden oder für Restaurants verwenden können. Wenn Sie genügend Ausdauer haben, auf die ab und zu vorbeikommenden Kellner zu warten,

erhalten Sie während des Spielens Getränke (von Cola bis zum Cocktail) umsonst.

Spielen ist erst ab 21 Jahren erlaubt, ebenso der Aufenthalt im Kasino. Eventuelle Gewinne werden an Personen unter 21 Jahren nicht ausgezahlt. Tragen Sie also im Kasino am besten einen Ausweis bei sich, der auch verlangt wird, sollten Sie das Glück haben, eine höhere Summe zu gewinnen.

Die *dealer* handeln nicht mit Bargeld, sondern nur mit *chips*, die Sie an der Kasse *(cashier)* jedes Kasinos erwerben. Sie können an vielen Spieltischen spontan Bares setzen, der *dealer* wird aber nur Chips herausgeben.

Haben Sie noch nie gespielt? In Las Vegas macht das überhaupt nichts. Wenn nicht viel los ist, beantworten die *dealer* (viele Dealerinnen übrigens) gern Ihre Fragen. Eine Reihe von Kasinos bieten außerdem während der Woche *free gaming lessons* an, kostenlose Einführungen in die wichtigsten Spiele, an denen jeder – meist ohne Voranmeldung – skann. Fragen Sie nach, und kommen Sie pünktlich, damit Sie einen Platz am Tisch und damit Gelegenheit zum Probespielen bekommen.

Die Lehrer sind ungeheuer freundlich und geduldig. Schließlich wollen sie Begeisterung fürs Spielen wecken. Sie versuchen auch nicht, Sie für dumm zu verkaufen, sondern verraten Ihnen im Gegenteil die besten Tricks und Strategien, um Ihre Gewinnchancen zu erhöhen. Die Kasinos haben es nicht nötig, ihre Besucher übers Ohr zu hauen, die Chancen stehen grundsätzlich sowieso zu ihren Gunsten.

Bevor Sie in ein Spiel einsteigen, beobachten Sie die anderen Spieler, deren Worte und Gesten. Blackjack und Poker kann man auch mit geringem Einsatz an den Monitoren üben, die in vielen Bartheken eingelassen sind. Wenn Sie gleich eine bestimmte Summe investieren (meist $ 10), erhalten Sie einen Drink umsonst. An den Spieltischen selber befinden sich jeweils Schilder, die den Minimaleinsatz angeben. Viele Kasinos in Downtown bieten niedrigere Mindesteinsätze als die großen Kasinos auf dem Strip. Maximale Einsätze werden ebenfalls von den Kasinos festgelegt.

Nachfolgend finden Sie die Grundregeln der wichtigsten Spiele. Über Details und Varianten informieren Sie sich entweder in einem Kasinokurs oder im Internet unter *www.alle-kasinos.at*. Aber um einen der Jackpots zu knacken, brauchen Sie nicht alle Spieldetails und -kniffe zu wissen, ein bisschen Glück tut's auch.

> *www.marcopolo.de/lasvegas*

BLACKJACK

Eine Variante des Kartenspiels „17 und 4". Jeder Teilnehmer spielt (für sich allein) gegen die Bank, vertreten durch den *dealer*. Jeder Spieler erhält zwei Karten, in einigen Kasinos offen, in anderen verdeckt. Der Spielleiter erhält immer eine offene und eine verdeckte. Bilder zählen 10 Punkte, Ass 1 oder 11 (nach Wunsch des Spielers), die anderen Karten entsprechen dem aufgedruckten Punktwert. Ziel ist es, 21 Punkte zu erhalten – und nicht mehr. Wer genau 21 mit nur zwei Karten erreicht, hat einen *blackjack* und gewinnt das Eineinhalbfache des Einsatzes. Wer mehr Punkte hat als der *dealer*, aber unter 21 bleibt, gewinnt in der Höhe des Einsatzes. Wer mehr als 21 Punkte hat *(bust)*, verliert seinen Einsatz.

Suchen Sie sich einen Tisch aus, legen Sie Ihren Einsatz vor sich hin, und schon mischen Sie mit. Tippen Sie mit dem Finger auf Ihre Karten, wenn Sie mehr wollen *(hit* oder *draw)*. Streichen Sie mit der flachen Hand durch die Luft über Ihren Karten, wenn Sie nicht mehr ziehen möchten *(stand)*. In vielen Geschäften können Sie eine kleine *master strategy chart* erwerben, die Ihnen den günstigsten Zug für jedes Blatt verrät.

CRAPS

An den Craps-Tischen geht es oft hoch her. Ein schnelles, lautes Würfelspiel für Extrovertierte. Jubeln und Aufschreien erwünscht. Ein *shooter* muss mit zwei Würfeln (meist kräftig gegen eine Wand geworfen) eine bestimmte Punktzahl würfeln. Sie können entweder mit dem *shooter* wetten, dass er es schafft, und Ihre Chips auf die *pass line* setzen. Oder Sie wetten gegen ihn, dass er es nicht schafft, und setzen auf *don't pass bar* – natürlich bevor die Würfel die Hand des *shooter* verlassen.

Nun sollte Ihre Intuition Ihnen verraten, was die Würfel tun. Wenn 7 oder 11 Punkte gewürfelt werden, gewinnen der *shooter* und alle, die auf *pass line* gesetzt haben. Ergeben die Würfelpunkte 2, 3 oder 12, hat der *shooter* verloren und damit alle, die auf die *don't pass bar* gesetzt haben, gewonnen.

Jede andere Punktzahl gibt dem *shooter* die Aufgabe, genau dieselbe Punktzahl möglichst schnell noch

Blackjack: Erfahrung erhöht die Chancen

einmal zu würfeln, und zwar auf jeden Fall, bevor eine 7 gewürfelt wird. Kommt es zu einer 7 vor der Wiederholung der Punktzahl, hat der *shooter* (und alle, die mit ihm gewettet haben) verloren.

KENO

Ein Lottospiel. Der Kenoschein zeigt 80 Zahlen. Markieren Sie zwischen einer und 15 Nummern mit einem Kreuz auf den überall ausliegenden Vordrucken. Tragen Sie ein, wie viele Markierungen Sie vorgenommen haben. 20 Zahlen werden pro Runde gezogen. Die Ergebnisse erscheinen nach rund 10 Minuten auf Bildschirmen im Kasino, in *coffee shops* oder Restaurants und Bars. Sie können den Keno-Jackpot also ganz nebenbei knacken – während des Frühstücks zum Beispiel.

Die Höhe des Einsatzes wird auf dem Schein als *price* eingetragen. Ziel ist es, 15 richtige Zahlen zu tippen. Dazu benötigen Sie eher Glück als mathematische Intelligenz. Doch je nachdem, wie viel Richtige getippt wurden, können Sie ein Vielfaches des Einsatzes gewinnen.

POKER

Das Spiel des Wilden Westens, wie Sie in jedem Western beobachten können. Es wird allerdings in so vielen verschiedenen Varianten gespielt, dass hier nur kurz die Grundidee erklärt werden kann. Jeder Spieler erhält fünf Karten. Durch Kartentausch können Sie eine bestimmte Kombination auf die Hand bekommen, z.B. Paare oder Dreier (zwei bzw. drei gleichwertige Karten), *fullhouse* (ein Paar und ein Dreier), eine Straße (fünf Karten in Reihenfolge), *flush* (fünf Karten derselben Farbe), *poker* (vier Karten desselben Werts) und die höchste Kombination, ein *royal flush* (fünf Karten in Reihenfolge und in einer Farbe).

ROULETTE

Eine kleine Kugel wird auf ein Rad mit 38 Zahlenfeldern geworfen. Die Spieler setzen ihre Chips (meist hat jeder Teilnehmer eine eigene Farbe) auf eine Tafel neben dem Rad. Während das französische Roulette mit 37 Zahlen spielt, hat das amerikanische noch eine zusätzliche 00 und damit 38 Felder. Sie sollen nun magische Kräfte entwickeln, um zu erraten, auf welcher Zahl die Kugel liegen bleibt. Gewinnen können Sie bis zum 35-Fachen des Einsatzes.

Sie können Ihre Chips auf ein einzelnes Zahlenfeld setzen oder auf den Linien zwischen den Zahlen platzieren und so Zahlenkombinationen wählen. Sie können auch auf Rot oder Schwarz wetten, gerade oder ungerade, die ersten 18 oder die letzten 18 Zahlen, die ersten 12, die mittleren oder die letzten 12 Zahlen.

Der *dealer* sagt an, wenn keine Wetten mehr angenommen werden. Je mehr Möglichkeiten man mit einem Chip abdeckt, desto geringer fällt allerdings auch der Gewinn aus.

SLOTS

So einfach ist das: Geld reinstecken und den Hebel betätigen, der diesem Automaten zu seinem Namen „einarmiger Bandit" verholfen hat. Oft reicht inzwischen auch ein Knopfdruck – und schon drehen sich die Glückswalzen.

LAS VEGAS SPECIAL

Es kommt darauf an, mehrere gleiche Symbole oder Zahlen in einer oder mehreren Reihen zu haben, wenn der Apparat zum Stehen kommt. Gewinnlinien *(paylines)* sind je nach Apparat unterschiedlich und

SPORTWETTEN UND PFERDERENNEN

Auf überdimensionalen Bildschirmen übertragen Kasinos Pferderennen und andere sportliche Ereignisse live aus dem ganzen Land und nehmen Wetten entgegen.

Fesselnder als so mancher Begleiter – slotmachines sind in Las Vegas allgegenwärtig

auf dem Gerät abzulesen. Die Gewinnchancen hängen davon ab, wie der jeweilige Automat von den Betreibern eingestellt wurde. Und die haben sich sehr genau überlegt, wo welche Maschine wie viel Glück bringen soll. Fragen Sie doch mal die Bedienung, wo das Glück am häufigsten zuschlägt.

Vielerorts müssen Sie inzwischen auf das kasinotypische Klingeln und Rasseln der *quarter* verzichten: Moderne *slotmachines* laufen bargeldlos per Karte.

HEIRATEN IN LAS VEGAS

Über 120 000 Ehen werden jährlich in Las Vegas geschlossen. Kaum irgendwo anders kann man sich so schnell und unkompliziert trauen lassen wie hier. Ein gültiger Pass – das ist auch fast schon alles, was man braucht. Mit diesem müssen Braut *(bride)* und Bräutigam *(groom)* persönlich beim *Marriage License Bureau* im *Courthouse Downtown (200 S. Third St.)*

der TIPP

vorsprechen, um sich für $ 55 eine Heiratslizenz ausstellen zu lassen. Das Amt hat recht ungewöhnliche Bürozeiten: *Mo–Do 8–24 Uhr, durchgehend Fr 8 bis So 24 Uhr sowie rund um die Uhr an Feiertagen.*

Wer unter 18 Jahre ist, muss seine Geburtsurkunde vorzeigen und ein Elternteil oder ein offizielles Dokument mitbringen, das das elterliche Einverständnis nachweist. Geschiedene müssen ihre Scheidungspapiere, aus denen Ort und Datum des Vollzugs der Scheidung hervorgehen, vorlegen. Alle erforderlichen Dokumente werden in notariell beglaubigter englischer Übersetzung benötigt. Ausführliche Informationen finden Sie auf der Website des Lizenzbüros: *www.co.clark.nv.us/* | *Tel. 702/671-06 00.*

Einmal im Besitz der Lizenz, kann die Trauungszeremonie vollzogen werden. Ganz einfach, sachlich, ohne viel Aufhebens und ohne vorherige Buchung im *Office of Civil Marriages,* nur einen Block entfernt *(tgl. 8–22 Uhr | 309 S. Third St.)* oder in einer der mehreren Dutzend Hochzeitskapellen. Die Anwesenheit eines Zeugen ist erforderlich. Der wird, sofern Sie niemanden mitbringen, von der Kapelle besorgt.

Die meisten Hochzeitskapellen planen im Halbstundenrhythmus, einige lassen eine Stunde Zeit. Der trauende Pfarrer *(minister)* erhält gewöhnlich – unabhängig von anderen Gebühren und Zahlungen – eine Zuwendung von rund $ 40.

Wie auch immer Sie den Bund der Ehe schließen wollen, in Las Vegas ist im Prinzip alles möglich: ganz in Weiß, im Smoking, in Jeans oder im Bikini, mit einem Budget unter $ 100 oder über $ 100 000, spontan oder im Detail vorbereitet, mit Limousine und Champagner oder in der Frittenbude – jeder, wie er kann und möchte. Nähere Informationen über die Organisation der Feierlichkeiten, von der Anmietung einer Limousine, eines Raumes oder eines DJs bis hin zu Adressen von Fotografen, Juwelieren und Blumenläden finden Sie im Internet unter *www.vegas.com/weddings* oder *www.showtimevegas.com/weddings.htm.* Hier finden Sie auch die Namen einiger Agenturen *(wedding consultants),* die Ihnen die gesamte Organisation abnehmen.

Wenn Sie in Las Vegas heiraten, sind Sie in guter Gesellschaft. Viele Berühmtheiten haben sich hier schon tief in die Augen gesehen und das ewige Ja geschworen, darunter Elvis und Priscilla Presley, Frank Sinatra und Mia Farrow, Bruce Willis und Demi Moore, Cindy Crawford und Richard Gere, Andre Agassi und Steffi Graf, außerdem: Brigitte Bardot, Paul Newman, Jon Bon Jovi und – diverse Male – Mickey Rooney. Eine ganze Reihe von ihnen sind tatsächlich noch nicht geschieden. Lassen Sie sich aber von den großen Namen nicht einschüchtern, sondern eher inspirieren. Das Lizenzbüro betont ausdrücklich: „Für uns sind alle Brautpaare Berühmtheiten!"

■ WEDDING CHAPELS ■

Neben den speziellen Hochzeitskapellen haben alle großen Themenhotels eigene *wedding chapels* und dazugehörigen Service. Sie können heiraten wie im Wilden Westen oder wie Elvis Presley, in einer venezianischen Gondel oder auf dem Eiffelturm, auf einem Piratenschiff oder im Helikopter. Wenn Sie nicht gerade am Valentinstag (14. Februar) oder Silvester kommen, werden Sie in vielen Kapellen auch ohne vorherige Buchung dazwischenrutschen können.

GRACELAND CHAPEL

Elvis Presley und seine Musik regieren in der Graceland Chapel. Hier werden die Brautpaare von einem naturgetreuen Ebenbild der Rock-'n'-Roll-Ikone getraut. *619 Las Vegas Blvd. S. | Tel. 702/382-00 91 | www. elvisweddings.com*

LITTLE CHURCH OF THE WEST

Eine der ältesten Kapellen der Stadt mit Rotholzwänden und stimmungsvollen Gaslaternen. *4617 S. Las Vegas Blvd. | Tel. 702/739-79 71 | www.littlechurchofthewest.com*

LITTLE WHITE CHAPEL

Sie müssen nicht mal aus Ihrem Auto aussteigen, um ihr „Yes, I do!" zu hauchen. Die weltweit bekannte Hochzeitskapelle hat seit Urzeiten auch ein *drive-up wedding window. 1301 S. Las Vegas Blvd. | Tel. 702/ 382-59 43 | www.alittlewhitechapel. com*

SAN FRANCISCO SALLY'S VICTORIAN CHAPEL

Eine extrem kleine, aber sehr niedliche Kapelle mit viktorianischer Dekoration und einem Geschäft, in dem man sich die verschiedensten (auch historischen) Hochzeitskostüme ausleihen kann. *1304 S. Las Vegas Blvd. | Tel. 702/385-77 77*

In einer Stretchlimousine haben zusätzlich zum Brautpaar noch die besten Freunde Platz

EIN TAG IN LAS VEGAS

Action pur und einmalige Erlebnisse.
Gehen Sie auf Tour mit unserem Szene-Scout

THAT'S VEGAS

8:30

Sündiges zum Frühstück: Der sprudelnde Schoko-brunnen lechzt nach frischen Früchten, dank süß benetzter Food-Kreationen tanzen die Glückshormone im Gehirn! Das schokoladige Highlight beim internationalen *All You Can Eat Breakfast Buffet* im *Flavors, The Buffet* im *Harrah's* hat es in sich! **WO?** *3475 S. Las Vegas Blvd. | $ 14,99 | www.harrahs.com*

9:45

HIER KOMMT FLIPPER

Sie sind weich, sie sind lieb, sie sind klug: Wären sie Menschen, Mr. und Mrs. Right schwömmen hier ihre Runden. Die Rede ist von den Delphinen in *Siegfried & Roy's Secret Garden*. Mit den Meeressäugern dürfen nämlich jeden Tag vier Auserwählte spielen, sie füttern und trainieren – selbst-verständlich an der Seite von professionellen Tierpfle-

gern. Also Bikini oder Badehose einpacken und einen Traum wahr werden lassen! **WO?** *Mirage | 3400 S. Las Vegas Blvd. | $ 500 inkl. Frühstück, Drei-Gänge-Gourmet-Lunch, T-Shirt und Handtuch und Foto-CD | Tel. 702/7927-889 | www.miragehabitat.com*

ACHTERBAHN AUF 280 METERN

15:45

Nach so viel Wasser ist das nächste Element angesagt: Luft! Ab ins Taxi zum *Stratosphere Hotel* und in weniger als 30 Sekunden mit dem Aufzug aufs Dach beamen! *X Scream, The Big Shot* und *Insanity* heißen die drei höchsten und verrücktesten Fahrge-schäfte der Welt, sie wirbeln Adrenalinsüchtige in 280 m Höhe auf der Spitze des *Stratosphere Towers* umher. Boyband-Fans könnten nicht lauter schreien! **WO?** *2000 S. Las Vegas Blvd. | Kosten: Eintritt und 1 Fahrkarte $ 19,95 | www.stratospherehotel.com*

17:00

FOTOSHOOTING SKURRIL

Fotoapparat und Kamera dabei? Der versteckte Neon-Friedhof von Las Vegas ist ein beliebtes Setting für professionelle Fotoproduktionen und eine skurrile Kulisse für die eigenen Urlaubs-Shots. **WO?** *Di-Sa., Besichtigung nur nach Voranmeldung, Adresse wird nach Terminvereinbarung bekannt gegeben | Tel. 702/3876-366 | www.neonmuseum.org*

24h

MIT 230 SACHEN ÜBER DIE RENNBAHN

18:30

Genug umhergewandert, rein ins Taxi und zum *Las Vegas Motor Speedway* an den Stadtrand, denn hier geht's richtig rund! Mit bis zu 230 km/h heizt man an der Seite eines Profis über die Rennstrecke – Geschwindigkeitsrausch inbegriffen! **WO?** *Las Vegas Motor Speedway | Kosten: $ 129/3 Runden | Tel. 702/3156-300 | www.andrettiracing.com*

21:00 NEON-NIGHTS

Oh, all the glitter! Mit dem Helikopter hat man den aufregendsten Ausblick auf die City of Lights. Bei Nacht über die Stadt rauschen und das einmalige Spektakel genießen. Heißer Tipp: Günstiger wird's per Online-Buchung! **WO?** *Papillon Grand Canyon Helicopters, 275 E. Tropicana Ave. | Kosten: $ 79/20 Min. | Tel. 702/7367-243 | www.papillon.com*

MOUTH-WATERING

22:30

Lecker! Das *Social House* ist Vegas' In-Location für Asia-Fans. Hoch oben im *Treasure-Island*-Wolkenkratzer gibt's zum loungigen Design-Ambiente Aussichten auf den nächtlichen Strip. Wer Glück hat, kann dem Sushi-Großmeister beim Messerschwingen zusehen! Starspotting nicht vergessen: Eva Longoria, Paris und Nicky Hilton und viele andere VIPs zählen zu den Stammgästen. **WO?** *Im TI Treasure Island | 3300 S. Las Vegas Blvd. | Tel. 702/8947-223 | www.socialhouselv.com*

2:00 GAMBLE THE NIGHT AWAY

Müde? No way! Auf keinen Fall sollte man vergessen, noch um ein paar Dollars zu zocken. Vor dem Rückweg ins Hotel ab ins Kasino und spielen, bis die Tische rauchen! Ob man danach reich oder immer noch man selbst ist, ist egal, denn wozu ist man schließlich hergekommen? Und Gambling bis zum Morgengrauen gehört zu einer echten Vegas-Night einfach dazu. **WO?** *Besonders schick sind die Kasinos im Bellagio | 3600 Las Vegas Blvd. South | www.bellagio.com, oder im Venetian | 3355 Las Vegas Blvd. South | www.venetian.com*

> DER GLITZERWELT ENTFLIEHEN

Das Kontrastprogramm: Baden im Lake Mead, phantastische Felsformationen und die berühmteste Schlucht des Südwestens

Die Touren sind auf dem hinteren Umschlag und im Reiseatlas grün markiert

1 HOOVER DAM/ LAKE MEAD

Der monströse Hoover Dam liegt knapp 60 km südöstlich von Las Vegas. Man fährt ungefähr 45 Min., erst 40 km auf der I 115 Southeast, die zur US 93/95 South wird, Richtung Boulder City. Danach bleiben noch rund 10 km auf der US 93 East bis zum Hoover Dam, von dessen ☀ Kamm aus sich ein herrlicher Blick auf den Colorado, den Lake Mead und die umliegenden Berge bietet. Eineinhalb Stunden sollte man sich Zeit nehmen für die Besichtigung. Zahlreiche Unternehmen in Las Vegas bieten organisierte Bustouren an *(z. B. Tours Unlimited, Tel. 702/471–71 55, www.sightseeingtoursunlimited.com)*. Ein Mietwagen hat allerdings den Vorteil, die zahlreichen Freizeitmöglichkeiten am Lake Mead (Wandern, Baden, Boot- oder Radfahren) nutzen und die Weite und Ruhe der Landschaft genießen zu können.

Bild: Hoover Dam

AUSFLÜGE & TOUREN

Der Weg zum Hoover Dam führt durch **Boulder City**, 1931 mitten in der wirtschaftlichen Depression für die zahlreich anreisenden Arbeiter gegründet. Bis ins kleinste Detail von Behörden kontrolliert, war sie die erste amerikanische Bilderbuchstadt mit perfekt-hübscher Sicherheit und Ordnung. Das **Boulder City/Hoover Dam Museum** gibt einen Eindruck vom Leben der Arbeiter während der Entstehung des Damms *(www.bcmha.org)*.

Der gigantische Hoover Dam ist 221 m hoch und am Fuße fast ebenso breit. Er wurde Anfang der 1930er-Jahre errichtet, um den Colorado zu zähmen und Überflutungen zu verhindern, die den Südwesten Kaliforniens regelmäßig bedrohten. Tag und Nacht ackerten bis zu 5000 Arbeiter unter härtesten Bedingungen: Hitze, Staub, Steinschlag – und das alles in extremen Höhen. Es gab im Durchschnitt 50 Verletzte an einem einzigen

Tag, 97 Arbeiter bezahlten den vier Jahre dauernden Bau – der erstaunlicherweise früher als geplant beendet wurde – mit dem Leben.

Zunächst als **Boulder Dam** bekannt, wurde der gigantische Wall später nach dem 31. US-Präsidenten Herbert Hoover benannt, der sich für die Entwicklung des Projekts engagierte. Eine halbe Million Haushalte beziehen von hier ihren Strom; nur 4 Prozent der Gesamtkapazität gehen an die nahe gelegene Glitzermetropole Las Vegas.

Die ansprechend gestaltete **Discovery Tour** im Visitor Center verschafft durch Dias, Fotos, Videos und Ausstellungsstücke Einblick in die Entstehung und Funktionsweise des Damms und führt in das Innere des Bauwerks *(tgl. 9–17, im Winter bis 16 Uhr; im Sommer für die Tour längere Wartezeiten einkalkulieren | Eintritt $ 11 | www.usbr.gov/lc/hooverdam).*

Aus Las Vegas kommend liegen Visitor Center und Parkhaus ($ 7) vor dem Damm. Wenn Sie gut zu Fuß sind, können Sie sich auch auf weiter entfernte, kostenfreie Plätze hinter dem Damm stellen.

Fahren Sie danach ein Stück zurück, also westlich, auf der US 93. An der Kreuzung mit dem ✹ Lakeshore Scenic Drive liegt das *Alan Bible Visitor Center*, wo Sie sich mit Tieren und Pflanzen der Wüste vertraut mchen können. Fahren Sie nicht daran vorbei – allein das Modell des Stausees und seiner Umgebung lohnt einen Blick! Außerdem können Sie hier kostenlos eine Umgebungskarte und andere nützliche Informationen erhalten *(tgl. 8.30–16.30 Uhr | Eintritt frei).*

Insider Tipp

Verfolgen Sie den Lakeshore Scenic Drive nach Norden. Stichstraßen bringen Sie ans Ufer des **Lake Mead**, der mit seinem tiefen Blau mitten in der braunen Wüste wunderschön anzuschauen ist *(Eintritt in die Lake Mead National Recreation Area $ 5 pro Auto | www.nps.gov/lame).* Baden am – allerdings steinigen – **Boulder Beach** ist im heißen Sommer eine geradezu göttliche Erfrischung. Badesachen mitnehmen sowie Proviant für ein Picknick am See!

Lake Mead Cruises bringt Sie in Schaufelraddampfern über den See recht dicht an den Damm heran, kombiniert mit Frühstück, Mittagoder Abendessen *(Abfahrt Lake Mead Marina am Lakeshore Scenic Drive | ab $ 22, im Sommer unbedingt reservieren | Tel. 702/293-61 80 | www.lakemeadcruises.com).*

Mehrere **Bootsverleihe vermieten am Lake Mead auch Fischerboote**, z.B. *Lake Mead Marina* ($ 50 für 4 Std. | Tel. 702/293-34 84 | www.riverlakes.com) oder *Las Vegas Boat Harbor* (Tel. 702/293-11 91 | www.boatinglakemead.com).

Insider Tipp

2 RED ROCK CANYON

🚗 **Diese imposante Gebirgsschlucht liegt am nordöstlichen Rand der Mojavewüste, nur eine halbe Stunde Fahrt vom Strip entfernt. 30 km nach Westen auf dem Highway 159 (Charleston Blvd.), und schon haben Sie Zugang zum ✹ Scenic Drive, einer 20 km langen Panoramastraße. Nach der Aussichtstour folgen Sie dem Highway 159 für weitere 8 km bis zum Spring Mountain Ranch State Park, in dem Sie einen Eindruck vom Alltag im Wilden**

Dem Hoover Dam verdankt er seine Entstehung: Lake Mead, einer der größten Kunstseen der Welt

Westen gewinnen können. Ratsam ist es, Getränke und Verpflegung für ein Picknick mitzunehmen!

Eigentlich bezaubert der Red Rock Canyon nicht nur durch sein Rot, sondern durch seine Mehrfarbigkeit: Rote, violette, weiße und braune Schichten aus Sand- und Kalkstein verändern ihre Tönung mit der Tageszeit. Besonders farbintensiv zeigt sich das Gestein kurz nach Sonnenaufgang und -untergang. Im Visitor Center erhalten Sie Informationen über Flora und Fauna sowie Landkarten *(1000 Scenic Dr. | Mitte April bis Mitte Okt. tgl. 8–16.30, Mitte Okt.– Mitte April 8–15.30 Uhr).*

Der ☀ Scenic Drive mit phantastischen Ausblicken ist von 6 bis mindestens 17 Uhr befahrbar, im Sommer bis 20 Uhr *(Eintritt $ 5 pro Auto).* Zwei der schönsten Wanderwege führen durch die Calico Hills und den Sandstone Quarry (Steinbruch). Sehr hilfreiche Beschreibungen von Wanderwegen im südlichen Nevada finden Sie unter *www.hikinglasvegas. com.*

Wenn Sie nach Verlassen der Panoramastraße dem Highway 159 noch 8 km folgen, stoßen Sie auf den Spring Mountain Ranch State Park, benannt nach den zahlreichen Wasserquellen in der Umgebung *(tgl. 8–18 Uhr | Eintritt $ 5 pro Auto).* Das rote Haupthaus der ehemaligen Rinderfarm kann von innen besichtigt werden *(tgl. 10–16 Uhr).* Das weitläufige Gelände ist auch ideal zum Picknicken und hat sogar ein Amphitheater vorzuweisen, in dem im Sommer abendliche Theatervorstellungen stattfinden *(Info unter Tel. 702/875-41 41 | www.parks.nv.gov/ smr.htm).*

Wenn Sie Ihren Proviant vergessen haben, finden Sie nach 1–2 km Rettung: Auf *Bonnie Springs*, ebenfalls eine ehemalige Rinderfarm, gibt es nicht nur einen Saloon mit Schwingtüren, sondern auch eine Bar und ein Restaurant.

In *Old Nevada*, einer auf der Farm nachgebauten Goldgräberstadt, würde man sich nicht wundern, böge gleich John Wayne um die Ecke. Alle zweieinhalb Stunden gibt es eine Schießerei, kurz darauf wird ein Bösewicht erhängt, immer derselbe natürlich. Eine Zeit lang gehörte die Ranch der deutschen Schauspielerin Vera Krupp *(tgl. 10.30–18, im Winter bis 17 Uhr | Eintritt $ 20 pro Auto, dafür erhalten Sie einen $ 10-Verzehrgutschein für das Restaurant | www.bonniesprings.com).*

3 VALLEY OF FIRE STATE PARK

Das Tal aus feuerrotem Sandstein erreichen Sie in ungefähr einer Stunde, ca. 55 km nach Norden auf der I 15/US 93, Ausfahrt/Exit 75 auf den Highway 169 South/East, der Sie nach 30 km zum Visitor Center des Parks bringt. Auch hier Proviant und vor allem Wasser mitnehmen! Anschließend ist es nicht weit zum Overton Arm des Lake Mead, in dem Sie im Sommer baden können.

Sonne, Wasser und Wüstenwinde haben dem roten Sandstein über Hunderte von Millionen Jahren seine bizarren Formen verpasst. Informieren Sie sich über diesen State Park *(Eintritt $ 8 pro Auto | www.parks.nv.gov/vf.htm)* im Visitor Center *(tgl. 8.30–16.30 Uhr)*, in dem Sie auch gratis Karten erhalten, die Ihnen den Weg zum **Elephant Rock** oder den **Seven Sisters** weisen sowie Spazier- und Wanderwege aufzeigen .

Halten Sie Ausschau nach wilden Pferden und Eseln, nach Dickhornschafen und Wüstenschildkröten. Die Gegend gehört seit prähistorischen Zeiten zum Siedlungsgebiet der Navajo-Indianer, die sich hier durch ihre in Stein gemeißelten Nachrichten und Bilder verewigt haben. Betörende Farbgebung bei Sonnenaufgang und Abenddämmerung.

Verlassen Sie das Valley of Fire durch den östlichen Eingang, und folgen Sie den Wegweisern nach **Overton Beach** (ca. 12 km). Von hier aus haben Sie einen prachtvollen Blick auf den See, die **Virgin Mountains** im Hintergrund. Baden ist ein Erlebnis, Boot fahren ebenso.

≻ JEEP ODER HELICOPTER?
Raus aus Las Vegas und die Gegend erkunden

Unzählige Veranstalter bieten organisierte ein- und mehrtägige Touren an, um Las Vegas und Umgebung zu erkunden, sei es per Flugzeug, Hubschrauber, Bus oder Jeep. Informieren Sie sich ausführlich über den genauen Verlauf des Ausflugs und die Serviceleistungen (z.B. Transport zum Hotel, Proviant). Fragen Sie auch nach Angeboten *(special offers)* und auf jeden Fall nach dem Endpreis *(total including tax and other charges)!*

Broschüren finden Sie im Hotel. Hier einige Websites und Veranstalter, die einen Überblick geben: *Maverick Helicopters | Tel. 702/261-00 07 | www.maverickhelicopter.com; Papillon Grand Canyon Helicopters | Tel. 702/736-72 43 | www.papillon.com; Grand Canyon Tour Company | Tel. 0-800-187-36 76 | www.grandcanyontours.com; weitere Angebote unter Tel. 408/754-53 30 | www.buylasvegastours.com.*

AUSFLÜGE & TOUREN

4 ABHEBEN ZUM GRAND CANYON

Las Vegas, so sagt man, sei das Tor zum Grand Canyon. Ein Europäer kann diesen Spruch wohl kaum geprägt haben, ist die Entfernung für europäische Verhältnisse doch recht groß. Fast 500 km sind es vom Strip bis zu dieser größten und berühmtesten Schlucht des Südwestens. Es gibt eine ganze Reihe von Fluggesellschaften, die zum Canyon und auch zum neu errichteten gläsernen Skywalk „flight-seeing-tours" anbieten.

Der majestätische ✹ Grand Canyon ist 450 km lang, 16 km breit und 1,5 km tief. Der Blick in die Schlucht mit ihren braun-rot-violett getönten Schichten ist ein unvergleichliches Erlebnis, besonders dann, wenn frühe Morgen- oder späte Abendsonne die vielfältige Farbgebung unterstreicht. Der südliche Rand (South Rim) ist das ganze Jahr über geöffnet, der Nordrand (North Rim) nur von Mitte Mai bis Mitte Oktober. Die neueste Attraktion seit März 2007 ist der Skywalk, eine gigantische, freischwebende Glasbrücke in Hufeisenform, 1200 m über der Schlucht am West Rim gelegen *(tgl. 8–17 Uhr | Infos unter www.grandcanyonsky walk.com).*

Die Fluggesellschaften bieten sehr unterschiedliche Touren an, ihre Broschüren liegen in fast jedem Hotel. Schon in drei Stunden (inklusive Transport vom Hotel zum Flugplatz) können Sie alles gesehen haben: den West Rim des Grand Canyon, Lake Mead und den Hoover Dam. Andere Touren fliegen den Canyon weiter Richtung Osten ab, manche planen eine Landung ein mit Wanderungen und Mittagsbuffet sowie Besichtigungen von indianischen Dörfern. Sieben bis acht Stunden sind Sie dann unterwegs. Während die Flugzeuge den Grand Canyon nur überfliegen, bringen Sie

Skywalk: Rund 21 m weit ragt das gläserne Hufeisen über den Rand des Canyons

die Hubschrauber in die Schlucht hinein – für wesentlich mehr Geld allerdings (selten unter $ 250 pro Person). Bustouren bieten einen fragwürdigen Genuss: zehn Stunden im Bus hocken für zwei Stunden schöne Aussicht.

ANREISE

Der *McCarran International Airport* liegt sehr zentral, nur rund 1,5 km vom südlichen Ende des Strip und 8 km von Downtown entfernt. Ein Taxi bringt Sie für $ 12–20 pro Fahrt vom Flughafen zum Strip, für $ 18–28 nach Downtown, eine Limousine für ähnliche Preise, allerdings pro Person berechnet. Viele Hotels bieten einen kostenfreien Shuttleservice für ihre Gäste. Infos: *www.mccarran.com*

AUSKUNFT

DEUTSCHE VERTRETUNG LAS VEGAS CONVENTION & VISITORS AUTHORITY

Kostenlose Broschüren und weiteres Informationsmaterial über Las Vegas erhalten Sie bei der deutschen Vertretung von *Las Vegas Convention & Visitors Authority | c/o Aviareps Tourism GmbH | Sonnenstr. 9 | 80331 München | Tel. 089/23 66 21 30 | Fax 23 66 21 99 | www.visitlas vegas.de*

LAS VEGAS CHAMBER OF COMMERCE

Die Handelskammer verschickt den *Visitor's Guide* und informiert u.a. über Unterkünfte, Attraktionen, Ausflüge, aber auch über die Möglichkeit von Hochzeiten (und Scheidungen) in Las Vegas. *Mo–Fr 8–17 Uhr | 6671 S. Las Vegas Blvd. | Suite 300 | Tel. 702/735-16 16 | www.lvchamber. com*

PRAKTISCHE HINWEISE

DIPLOMATISCHE VERTRETUNGEN

DEUTSCHES HONORARKONSULAT
4815 W. Russell Road | Suite 10 J | Las Vegas | NV 89118 | Tel. 702/873-67 17 | Fax 873-96 94 | consul@vegasresidences.com

ÖSTERREICHISCHES HONORARKONSULAT
6565 Spencer St. | Suite 208 | Las Vegas | NV 89119 | Tel. 702/258-00 32 | Fax 258-15 27 | info@austriancon sulatelasvegas.com

SCHWEIZER GENERALKONSULAT
456 Montgomery St. | Suite 1500 | San Francisco | CA 94104–1233 | Tel. 415/788-22 72 | Fax 788-14 02 | hans.bachmann@eda.admin.ch

EINREISE

Einreisende brauchen einen maschinenlesbaren Pass (auch Minderjährige) und müssen sich vor der Einreise online registrieren lassen: *https://esta.cbp.dhs.gov*. Bitte studieren Sie unbedingt die genauen Einreise- und Sicherheitsvorschriften: *www.usbotschaft.de*. Westeuropäische Touristen können sich max. 90 Tage in den USA aufhalten, ohne ein Visum zu beantragen. Ein verlängertes Touristenvisum (max. 6 Mon.) müssen Sie vor Ihrer Reise beim amerikanischen Konsulat beantragen. Sie dürfen keine frischen Lebensmittel in die USA einführen, selbst Reste aus der Flugzeugversorgung sind nicht erlaubt.

WÄHRUNGSRECHNER

€	USD	USD	€
1	1,40	1	0,72
2	2,80	2	1,45
3	4,20	3	2,15
5	7,00	5	3,60
7	9,80	7	5,05
10	14,00	10	7,20
25	35,00	25	18,00
75	105,00	75	54,00
100	140,00	100	72,00

GELD & KREDITKARTEN

Die amerikanischen Geldscheine – 1, 5, 10, 20, 50 oder 100 Dollar – sehen sich sehr ähnlich. 1 Dollar (oft *buck* genannt) sind gleich 100 Cent. An Münzen gibt's *pennies* (1 ¢), *nickels* (5 ¢), *dimes* (10 ¢), *quarters* (25 ¢).

Visa, Mastercard und American Express werden fast überall akzeptiert, selbst bei kleinen Summen. Mit der EC-Karte können Sie an vielen Bankautomaten *(ATM machines)* Geld ziehen, aber fast nie bezahlen. Achtung: Manche Geldautomaten in Hotellobbys und Geschäften erheben hohe Gebühren. Auch Travellerchecks werden vielerorts angenommen. Bargeld brauchen Sie oft nur in kleineren Mengen, etwa als Trinkgeld sowie zum Bus-, Trolley-, Monorail- und Taxifahren.

GESUNDHEIT

Selbst wenn Sie eine Auslandskrankenversicherung abgeschlossen haben, müssen Sie auf jeden Fall erst einmal die Rechnung für Arzt, Krankenhaus oder Notaufnahme begleichen. Über 24 Stunden offene Notaufnahmen verfügt u.a. das *University Medical Center (1800 W. Charleston Blvd. | Eingang Ecke Hastings/Rose St. | Tel. 702/383-20 00)*. Wenn Sie Hilfe bei der Übersetzung benötigen, wenden Sie sich an die Honorarkonsulate.

■ INTERNET ■

Neben den Touristenbüros bieten zahlreiche andere Websites Infos über Las Vegas und Möglichkeiten, Hotels und Flüge zu buchen, Tische in Restaurants zu reservieren und Showtickets zu kaufen. Eine Auswahl: *wwww.vegas.com*, *www.vegas4visitors.com*, *www.vegas-infos.de* (alle drei umfassend mit aktuellen Angeboten zum Buchen), *www.bachelorvegas.com* (für junge Reisende), *www.cheapovegas.com* (gute Angebote zum Sparen), *www.lasvegasweekly.com* (Info nicht nur für Touristen), *www.vegastodayandtomorrow.com* (Infos, immer auf dem letzten Stand, z.B. über Bauprojekte).

Alle großen Hotels und zahlreiche kleinere bieten *wireless internet connection* und besitzen Computerräume, sogenannte *Business Center*.

■ INTERNETCAFÉS ■

Alle großen Hotels stellen Internetanschluss zur Verfügung – gegen Ge-

> BLOGS & PODCASTS
Gute Tagebücher und Files im Internet

> **www.lasvegassun.com/blogs** – Austausch von Nachrichten rund um Las Vegas für Einwohner und Touristen

> **http://allvegasblog.com** – Infos und Ansichten über Hotels, Shows, Museen und aktuelle Ereignisse

> **http://lasvegasnewsblog.com** – Das Neueste aus Politik, Wirtschaft, Kultur und Showbusiness

> **http://vegasblog.latimes.com/vegas** – Bei *The Movable Buffet* werden Fragen diskutiert wie: Wer sind die reichsten Millionäre in Las Vegas? Wie war das letzte Neil-Diamond-Konzert? Was trieb Paris Hilton auf dem Strip? Wird sich das Verbot, Obdachlose in Parks mit Essen zu versorgen, länger halten?

> **www.lasvegasvegas.com** – Viele Infos zu den Themen Business, Unterhaltung und Poker

> **http://vegas.com** – *Vegas in 5* bringt wöchentlich Aktuelles über neue Restaurants, Clubs und Shows, auch Tipps für Sportwetten und natürlich die neuesten Gerüchte.

> **www.livinginlv.com** – *Living in Las Vegas* gibt einen Einblick in den Alltag. Was bedeutet es, wenn man Sin City sein Zuhause nennt?

> **www.fivehundybymidnight.com** – Drei begeisterte Las-Vegas-Besucher plaudern bei *Five Hundy by Midnight* über neueste Entwicklungen in Hotels, Kasinos, Restaurants, Bars und einfach alles, was mit Las Vegas zu tun hat.

Für den Inhalt der Blogs & Podcasts übernimmt die MARCO POLO Redaktion keine Verantwortung.

bühr. Kostenlosen Online-Zugang bieten u.a.: *Apple Store (Fashion Show Mall | 3200 Las Vegas Blvd.), Art Bar (1511 S. Main St.), Main Street Station (200 N. Main St.), Wynn Las Vegas, McCarran International Airport* sowie *Coffee Bean & Tea Leaf (mehrfach in der Stadt vertreten).*

■ KLIMA & REISEZEIT

Warme, sommerliche Temperaturen herrschen von Mitte April bis Mitte Juni sowie im September und Oktober. Die Winter sind mild mit durchschnittlich 8 Grad Celsius im Dezember und Januar. Ab Mitte Juni bis Ende August ist es fast immer brütend heiß, nicht selten bis an die 40 Grad. Nachts kühlt es meist wohltuend ab. Niedrige Luftfeuchtigkeit, leichte Winde und Klimaanlagen helfen, die Hitze zu ertragen.

Temperaturen werden in Fahrenheit gemessen. In Celsius wird nach folgender Formel umgerechnet: Fahrenheit minus 32 mal 5 geteilt durch 9. 32 Grad F = 0 Grad C, 59 Grad F = 15 Grad C, 68 Grad F = 20 Grad C, 95 Grad F = 35 Grad C, 104 Grad F = 40 Grad C

■ KONFEKTIONSGRÖSSEN & MASSE

Damen: 8 = 36, 10 = 38, 12 = 40, 14 = 42; Schuhe: 8 = 38 ½, 8 ½ = 39, 9 = 40, 10 = 41; Herren: 28 = 48, 30 = 50, 41 = 52, 43 = 54, 45 = 56; Kragenweite: 38 = 15 ½, 39 = 16, 40 = 16 ½, 41 = 17; Schuhe: 8 ½ = 42, 9 ½ = 43, 10 = 44, 10 ½ = 45

Maßeinheiten: *mile* (1,6 km), *foot* (30 cm), *inch* (2,5 cm), *gallon* (3,78 l), *quart* (0,94 l), *pound = lb* (0,454 kg), *ounce = oz* (28,3 g)

■ MIETWAGEN

Es ist meist günstiger, Mietwagen *(rental cars)* von Europa aus zu mieten. Falls Sie in den USA mieten: *Alamo, National* und *Dollar* gehören zu den preiswerteren Firmen. Lassen Sie sich beim Abholen des

❯ WAS KOSTET WIE VIEL?

❯ COLA	**AB 1 EURO**	für einen Becher
❯ STEAK	**AB 10 EURO**	für ein Hauptgericht
❯ BUFFET	**AB 8 EURO**	für ein Frühstück
❯ T-SHIRT	**AB 5 EURO**	für ein Shirt mit Motiv
❯ BUS	**UM 1,50 EURO**	für eine Fahrt auf dem Strip
❯ TAXI	**AB 10 EURO**	vom Strip nach Downtown

Wagens keine überflüssigen Versicherungspakete aufschwatzen! Und rufen Sie im Falle einer Panne zunächst die Mietwagenfirma an.

■ NOTRUF

Tel. 911 – kostenlose Notrufnummer von fast allen Apparaten, auch Münzfernsprechern. Der *operator 0* leitet weiter zu Polizei, Feuerwehr oder Notarzt.

■ ÖFFENTLICHE VERKEHRSMITTEL

Bus: Der Touristendoppeldecker *The Deuce* und die *CAT*-Busse 301 und

302 bringen Sie den Strip rauf und runter, wobei der Expressbus 302 nicht überall hält. Die Busse 103, 106, 107, 109, 113, 115, 202, 206, 210 und 301 verkehren rund um die Uhr, die anderen tgl. 5.30–1.30 Uhr. Infos unter *Tel. 702/228-74 33* (freundlicher Service), *www.catride. com*, *www.thedeucelasvegas.com*. Eine Fahrt auf dem Strip kostet $ 3, in Wohngegenden $ 1,75, Tageskarte $ 7 (bitte passend, kein Wechselgeld!).

Monorail: Verbindet sieben Kasinos miteinander. Die schnellste Art, sich auf dem Strip fortzubewegen *(pro Fahrt $ 5, Tageskarte $ 12).* Außerdem verkehren zwei kostenlose Monorails auf der Linie Mandalay Bay–Luxor–Excalibur und Mirage–TI. *www.lvmonorail.com*

Taxi: Vor den größeren Hotels finden Sie fast immer Taxis abfahrbereit, wenn nicht, wird eins für Sie gerufen. Die Grundgebühr beträgt $ 3,30, jede gefahrene Meile $ 2,65 plus 40 Cent für jede Warteminute.

Trolley: Ähnlich wie die Monorail fährt der grüne Trolley den Strip rauf und runter (tgl. 9.30–1.30 Uhr). Pro Fahrt $ 2,50 passend, Tageskarte $ 4,25, *www.striptrolley.com*

■ PARKEN

Ein Paradies für Autofahrer: Fast alle Hotels stellen kostenlos Parkplätze zur Verfügung, inklusive *valet service:* Fahren Sie vor, übergeben Sie Ihren Autoschlüssel (zusammen mit $ 1–2) an die freundlichen Jungs, und nehmen Sie ein Ticket entgegen.

■ STEUERN

Preise sind immer als Nettopreise ausgezeichnet. Steuern werden erst beim Bezahlen addiert, für Hotelzimmer in Las Vegas 12 Prozent, für Waren 8,1 Prozent.

■ STROM

Netzspannung 110 Volt/60 Hertz. Sie brauchen einen Steckdosenadapter (vor der Reise besorgen).

■ TELEFON & HANDY

Ortsgespräche aus der Telefonzelle kosten 25–50 Cent. Die Nummern

WETTER IN LAS VEGAS

Jan.	Feb.	März	April	Mai	Juni	Juli	Aug.	Sept.	Okt.	Nov.	Dez.
18	21	24	29	34	39	41	39	37	31	24	20
Tagestemperaturen in °C											
1	4	7	10	14	19	24	23	20	12	5	3
Nachttemperaturen in °C											
7	9	10	12	12	14	11	12	11	10	9	7
Sonnenschein Std./Tag											
3	3	2	1	0	1	3	3	2	2	2	3
Niederschlag Tage/Monat											

PRAKTISCHE HINWEISE

Tel. 1-800, 1-866, 1-877 und 1-888 sind innerhalb der USA gebührenfrei. Die meisten können (gegen Gebühr!) auch von Deutschland aus angewählt werden. Hotels erheben auch für die Wahl dieser Nummern häufig Gebühren. Überhaupt sind ihre Telefongebühren manchmal horrend. Am besten fahren Sie mit einer *prepaid phone card*, die man sowohl in Telefonzellen als auch von jedem anderen Apparat aus benutzen kann. Sie erhalten sie in vielen Hotels am Automaten sowie in Drogerien und Andenkenläden.

Die Vorwahl nach Deutschland ist *011 49* (Österreich *011 43*, Schweiz *011 41*), danach die Ortsvorwahl ohne *0* und dann die Rufnummer. Die Vorwahl in die USA ist *001*, dann die Ortsvorwahl *(area code)* – für Las Vegas *702*. Für inneramerikanische Ferngespräche vor dem *area code* noch eine *1* wählen. Der *operator 0* hilft bei allen Telefonproblemen und vermittelt R-Gespräche *(collect calls)*.

In den USA existieren andere Handystandards als in Deutschland. Triband-Handys funktionieren auch in Las Vegas. Manche Netzanbieter in Deutschland vermieten USA-taugliche Handys, ebenso manche Autovermieter. Handy heißt hier übrigens *cell phone* oder *mobile phone*.

TRINKGELD

In den Restaurantpreisen ist das Geld für die Bedienung nicht enthalten. Der *tip* (eigentlich nicht Trinkgeld, sondern Lohn, da er oft die Haupteinnahmequelle der Kellner ist) beträgt 15–20 Prozent der Nettosumme (ohne Steuer). Barkeeper und Kellnerinnen in Kasinos bekommen $ 1–2 pro Drink. Gepäckträger rechnen mit $ 1 pro Gepäckstück, Zimmermädchen mit $ 1–2 pro Tag. Sollten Sie beim Spielen gewinnen, wäre es eine nette und übliche Geste, *dealer* und Kassierer ein Trinkgeld zu geben.

VERANSTALTUNGSTIPPS

In dem im Hotel umsonst ausliegenden Magazin *What's On* finden Sie alles, was Sie wissen müssen, auch aktuelle Veranstaltungstipps, Show- und Konzerttermine, teils sogar Coupons für Ermäßigungen (*www.whats-on.com* und *www.ilovevegas.com*). Aktuell informiert auch die Tageszeitung *Las Vegas Sun* über alle Veranstaltungen.

ZEITZONE

Das US-amerikanische Festland erstreckt sich über vier Zeitzonen. In Las Vegas gilt die *Pacific Standard Time*. Es ist hier also 9 Stunden früher als in Mitteleuropa. Sommerzeit gilt vom zweiten Märzsonntag bis zum ersten Novembersonntag.

ZOLL

Waren für den eigenen Gebrauch sind zollfrei. Erwachsene dürfen 200 Zigaretten oder 50 Zigarren in die USA mitbringen sowie 1,1 l Spirituosen und Geschenke für $ 100. Die Einfuhr von frischen Lebensmitteln wie Obst und Wurst sowie Pflanzen und Samen ist verboten.

In die EU dürfen 200 Zigaretten oder 50 Zigarren eingeführt werden, 50 ml Parfüm oder 250 ml Eau de Toilette und andere Artikel (ausgenommen Gold) im Gesamtwert von 430 Euro. Weitere Infos finden Sie unter *www.zoll.de*.

> DO YOU SPEAK ENGLISH?

„Sprichst du Englisch?" Dieser Sprachführer hilft Ihnen,
die wichtigsten Wörter und Sätze auf Englisch zu sagen

Aussprache

Zur Erleichterung der Aussprache sind alle englischen Begriffe und Wendungen mit
einer einfachen Aussprache (in eckigen Klammern) versehen. Folgende Zeichen sind
Sonderzeichen:

ə	nur angedeutetes „e" wie in bitte
θ	[s] gesprochen mit der Zungenspitze zwischen den Zähnen
'	die nachfolgende Silbe wird betont

■ AUF EINEN BLICK ■

Ja./Nein.	Yes. [jäs]/Yeah. [jie]/No. [no]
Vielleicht.	Perhaps. [pö'häps]/Maybe. ['mäibih]
Bitte.	Please. [plihs]
Danke.	Thank you. ['θänkju]
Vielen Dank!	Thank you very much.
	['θänkju 'wäri 'matsch]
Gern geschehen.	You're welcome. [jər 'wälkəm]
Entschuldigung!	Excuse-me! [iks'kjuhs 'mih]
Wie bitte?	Pardon? ['paərdn]
Ich verstehe Sie/dich nicht.	I don't understand. [ai dont andö'ständ]
Ich spreche nur wenig …	I only speak a little … [ai 'onli spihk ə litl]
Können Sie mir bitte	Can you help me, please?
helfen?	['kən ju 'hälp mi plihs]
Ich möchte …	I'd like … [aid'laik]
Das gefällt mir (nicht).	I (don't) like this. [ai (dont) laik_θis]
Haben Sie …?	Do you have …? [du ju 'häw]
Wie viel kostet es?	How much is this? ['hau'matsch is θis]
Wie viel Uhr ist es?	What time is it? [wɔt 'taim is it]

■ KENNENLERNEN ■

Guten Morgen!	Good morning! [gud 'moərning]
Guten Tag!	Good afternoon! [gud äftö'nuhn]
Guten Abend!	Good evening! [gud 'ihwning]
Hallo! Grüß dich!	Hello! [hə'lo]/Hi! [hai]
Mein Name ist …	My name's … [mai näims …]
Wie ist Ihr/Dein Name?	What's your name? [wots joər 'näim]
Wie geht es Ihnen/dir?	How are you? [haur'ju]
Danke. Und Ihnen/dir?	Fine thanks. And you?
	['fain θänks, ənd 'ju]

> *www.marcopolo.de/lasvegas*

SPRACHFÜHRER ENGLISCH

Auf Wiedersehen!	Goodbye!/Bye-bye! [gud'bai/bai'bai]
Tschüss!	See you!/Bye! [sih ju/bai]
Bis bald!	See you later! [sih ju 'lätər]
Bis morgen!	See you tomorrow! [sih ju tə'məro]

■ UNTERWEGS

AUSKUNFT

links/rechts	left [läft]/right [rait]
geradeaus	straight ahead [sträit 'əhäd]
nah/weit	near [niər]/far [faər]
Bitte, wo ist …	Excuse me, where's …, please?
	[iks'kjuhs 'mih 'weərs … plihs]
… der (Bus-) Bahnhof?	… the train/bus station …
	[θə'träən/bass 'stäischn]
… die U-Bahn?	… the subway … [θə 'sabwä]
… der Flughafen?	… the airport … [θə 'erpoht]
Wie weit ist das?	How far is it? ['hau 'far_is_it]
Ich möchte ein Auto mieten.	I'd like to rent a car.
	[aid'laik tə 'ränt ə 'kaər]

AUTO

Ich habe eine Panne.	My car's broken down.
	[mai 'kaərs 'brokn 'daun]
Gibt es hier in der Nähe	Is there a service station nearby?
eine Werkstatt?	['is θeə ə 'söəwis stäischn 'nirbai]
Wo ist die nächste Tankstelle?	Where's the nearest gas station?
	['weəs θə 'niərist 'gäs stäischn]
Ich möchte … Liter/	… liters/gallons of …
Gallonen [3,7 l] …	['lihtərs/gäləns əw]
… Normalbenzin.	… regular, [regjulər]
… Super.	… premium, [primium]
… Diesel.	… diesel, ['dihsl]
… bleifrei/verbleit.	… unleaded/leaded, please.
	[an'lädid/'lädid plihs]
Voll tanken, bitte.	Full, please. ['full plihs]

UNFALL

Hilfe!	Help! [hälp]
Achtung!	Attention! [ə 'tänschn]
Vorsicht!	Look out! ['luk 'aut]

Rufen Sie bitte …	Please call … ['plihs 'kahll]
… einen Krankenwagen.	… an ambulance. [ən 'ämbjuləns]
… die Polizei.	… the police. [θə pə'lihs]
Es war meine Schuld.	It was my fault. [it wəs 'mai 'fahllt]
Es war Ihre Schuld.	It was your fault. [it wəs 'johər 'fahllt]
Geben Sie mir bitte Ihren	Please give me your name
Namen und Ihre Anschrift.	and address. [plihs giw mi joər 'näim ənd ə'dräs]

ESSEN/UNTERHALTUNG

Wo gibt es hier	Is there a good restaurant here?
ein gutes Restaurant?	['is θeər ə 'gud 'rästərahnt 'hiər]
Reservieren Sie uns bitte	Would you reserve us a table for four
für heute Abend einen	for this evening, please?
Tisch für vier Personen.	['wud ju ri'söhw əs ə 'täibl fə 'fohr fə θis 'ihwning plihs]
Auf Ihr Wohl!	Cheers! [tschiərs]
Bezahlen, bitte.	Could I have the check, please? ['kud ai häw θə tschek plihs]
Wo sind bitte die Toiletten?	Where are the restrooms, please? ['weərə θə 'restruhms plihs]

EINKAUFEN

Wo finde ich …	Where can I find … ['weər 'kən_ai 'faind]
… eine Apotheke?	… a pharmacy? [ə farməssi]
… eine Bäckerei?	… a bakery? [ə bəikəri]
… ein Kaufhaus?	… a department store? [ə di'partmənt stoər]
… ein Lebensmittelgeschäft?	… a supermarket/grocery store? [ə 'supər 'mahrkət/grosri stoər]
Nehmen Sie Kreditkarten?	Do you take credit cards? ['du_ju täik 'kräditkahds]

ÜBERNACHTUNG

Können Sie mir bitte …	Could you recommend …, please?
empfehlen?	[kud ju ˌräkə'mänd … plihs]
… ein Hotel/Motel …	… a hotel/motel …[ə ho'täl/mou'təl]
… eine Pension …	… a B&B (bed & breakfast) … [ə bin bi (bed_n 'bräkfəst)]
Ich habe bei Ihnen ein	I've reserved a room.
Zimmer reserviert.	[aiw ri'söhwd_ə 'ruhm]
Haben Sie noch …	Do you have … [du_ju häw]
… ein Einzelzimmer?	… a room for one? [ə ruhm fə wan]

… ein Doppelzimmer?	… a room for two? [ə ruhm fə tu]
… mit Dusche/Bad?	… with a shower/bath?
	[wiθ ə 'schauər/'bähθ]
Was kostet das Zimmer	How much is the room with
mit Frühstück?	breakfast? ['hau 'matsch is θə ruhm
	wiθ 'bräkfəst]

■ PRAKTISCHE INFORMATIONEN

Können Sie mir einen	Can you recommend a good doctor?
guten Arzt empfehlen?	[kən ju räkə'mänd ə gud 'daktər]
Ich brauche einen Zahnarzt.	I need a dentist. [ai nied ə 'dentist]
Ich habe hier Schmerzen.	I feel some pain here.
	[ai fihl səm päin 'hiər]
Ich habe Fieber.	I've got a temperature.
	[aiw got ə 'tämpritschə]
Rezept	prescription [prə'skripschn]
Spritze	injection/shot [in'dschekschn/schat]
Wo ist hier bitte eine Bank?	Where's the nearest bank?
	[weərs θə 'niərist bänk]
Bankautomat	teller machine [telər maschin]
Ich möchte … Euro	I'd like to change … Euro
(Schweizer Franken) in	(Swiss francs) into dollars.
Dollar wechseln.	[aid laik tə tschäinsch … juro ('swis
	'fränks) 'intə 'dahllərs]
Was kostet …	How much is … ['hau 'matsch is]
… ein Brief …	… a letter … [ə 'lädər]
… eine Postkarte …	… a postcard … [ə postkahrd]
… nach Europa?	… to Europe? [tə 'juroup]

■ ZAHLEN

0	zero [siəro]	14	fourteen ['foh'tihn]	80	eighty ['äiti]
1	one [wan]	15	fifteen ['fif'tihn]	90	ninety ['nainti]
2	two [tuh]	16	sixteen ['siks'tihn]	100	a (one) hundred
3	three [θrih]	17	seventeen ['säwn'tihn]		['ə (wan) 'handrəd]
4	four [fohr]	18	eighteen ['äi'tihn]	1000	a (one)
5	five [faiw]	19	nineteen ['nain'tihn]		thousand
6	six [siks]	20	twenty ['twänti]		['ə (wan)
7	seven ['säwn]	21	twenty-one		'θausənd]
8	eight [äit]		['twänti'wan]	10000	ten thousand
9	nine [nain]	30	thirty ['θöhti]		['tän 'θausənd]
10	ten [tän]	40	forty ['fohrti]	1/2	a half [ə 'hähf]
11	eleven [i'läwn]	50	fifty ['fifti]	1/4	a (one) quarter
12	twelve [twälw]	60	sixty ['siksti]		['ə (wan)
13	thirteen [θöh'tihn]	70	seventy ['säwnti]		'kwohrtər]

Valley of Fire State Park

> UNTERWEGS IN LAS VEGAS

Die Seiteneinteilung für den Reiseatlas finden Sie auf dem
hinteren Umschlag dieses Reiseführers

CITY ATLAS

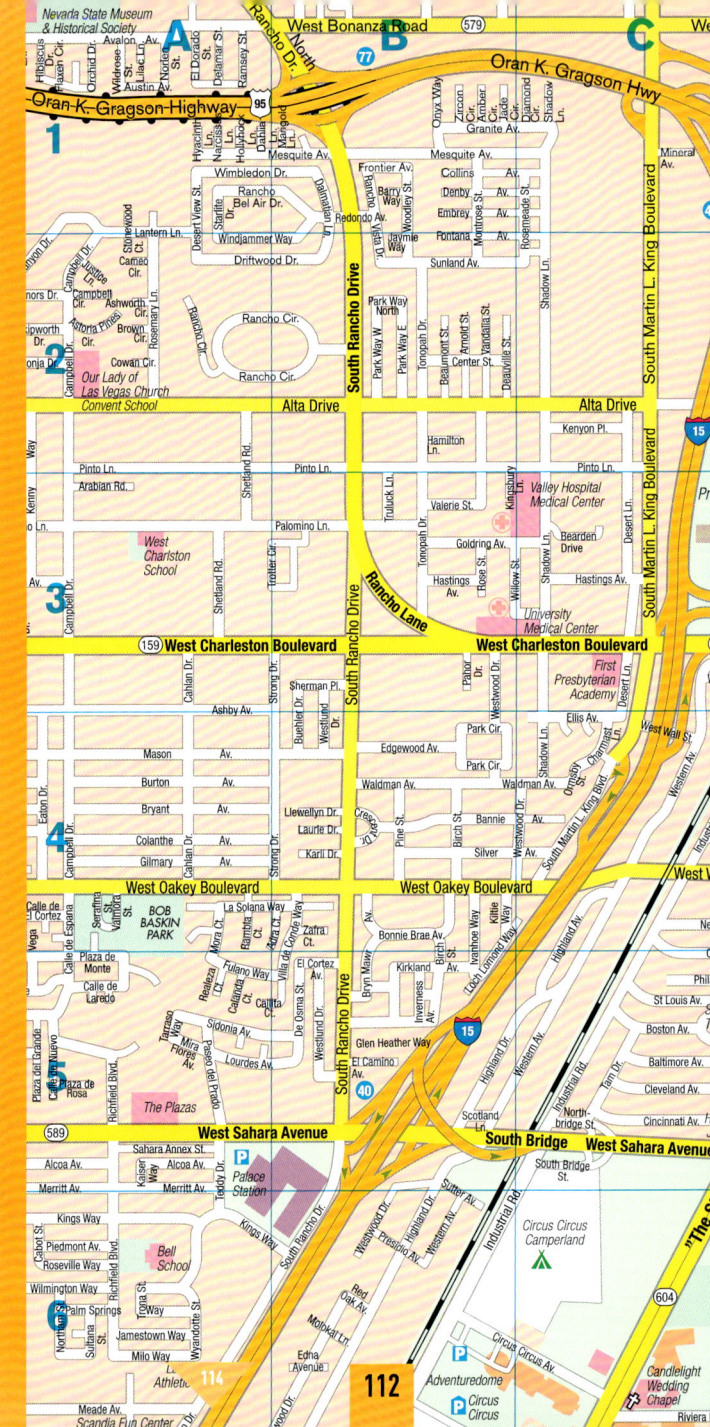

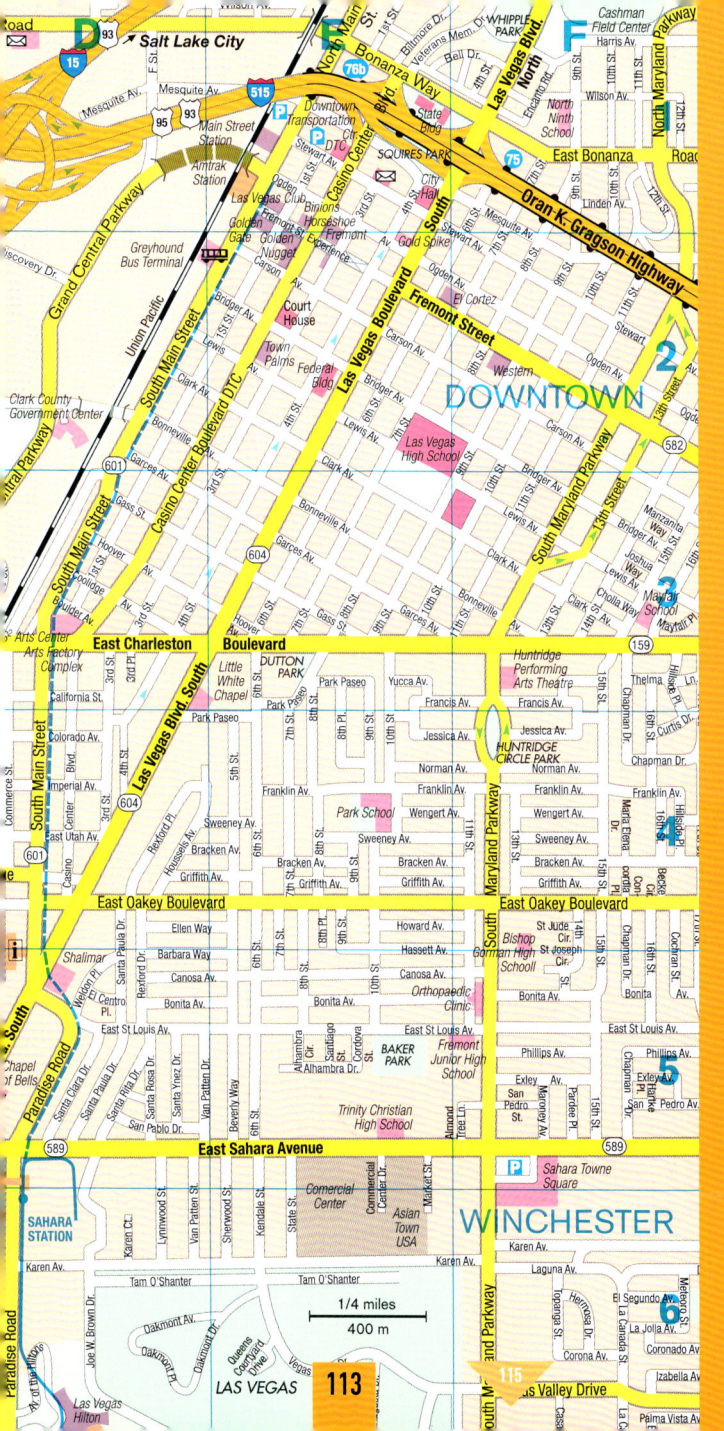

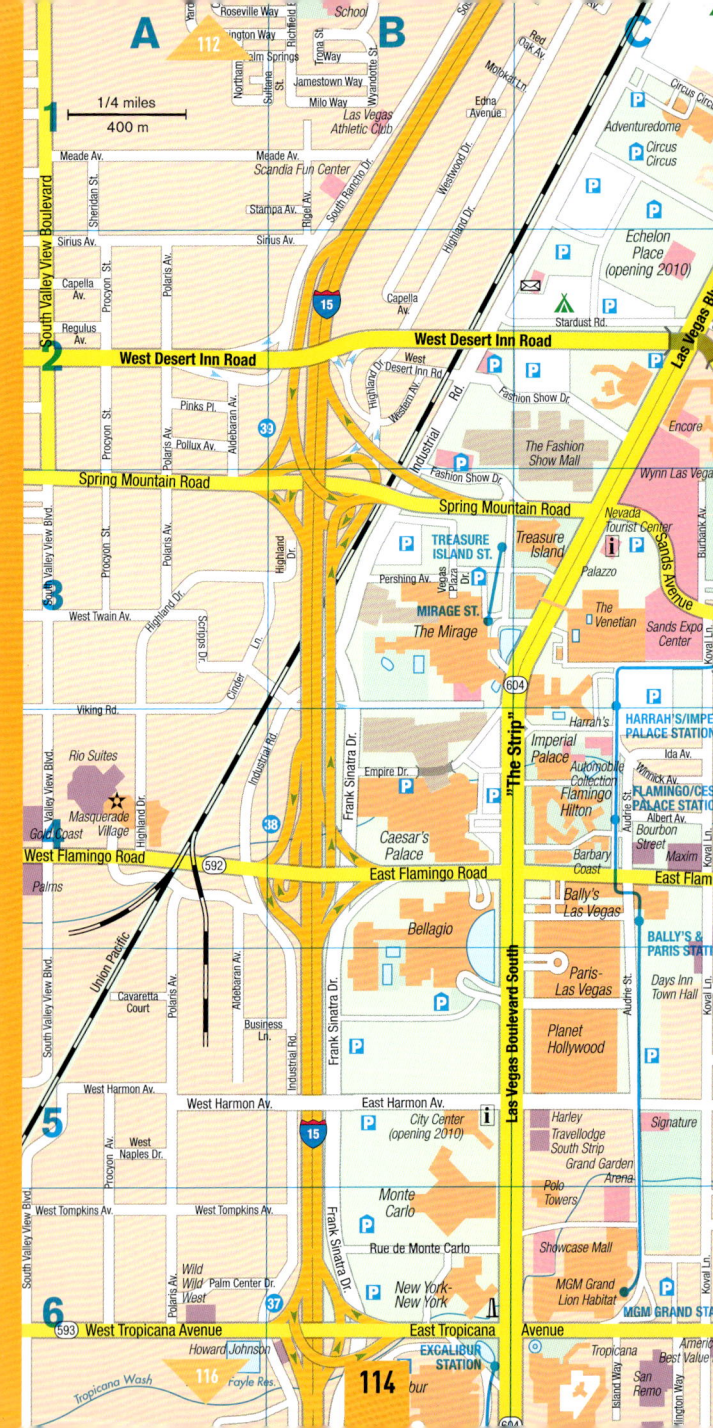

A

1/4 miles
400 m

Roseville Way
ington Way
Palm Springs
Northam
Suffere St.
Jamestown Way
Milo Way

School
Red Oak Av.
Las Vegas Athletic Club
Edna Avenue

Circus Circus

Adventuredome
Circus Circus

Echelon Place
(opening 2010)

Las Vegas Blvd.

Meade Av.
Scandia Fun Center
Stampa Av.
Sheridan St.
South Rancho Dr.

Meade Av.

Sirius Av.
Sirius Av.

Capella Av.

Regulus Av.

Procyon St.
Polaris St.

Stardust Rd.

West Desert Inn Road
West Desert Inn Road

West Desert Inn Rd.

Western Rd.

Fashion Show Dr.

Encore

Pinks Pl.
Polaris St.
Pollux Av.
Procyon St.
Aldebaran Av.

The Fashion Show Mall

Wynn Las Vegas

Spring Mountain Road
Spring Mountain Road

Fashion Show Dr.

South Valley View Blvd.

Nevada Tourist Center

West Twain Av.

Highland Dr.

Highland Dr.

TREASURE ISLAND ST.

Treasure Island

Palazzo

The Venetian

Sands Avenue

Burbank Av.

Procyon St.
Polaris St.

Center Ln.

Pershing Av.

Vegas Plaza Dr.

MIRAGE ST.
The Mirage

Sands Expo Center

Viking Rd.

Industrial Rd.

Harrah's

HARRAH'S/IMPER PALACE STATION

Rio Suites

Frank Sinatra Dr.

Empire Dr.

Imperial Palace

Ida Av.

FLAMINGO/CESA PALACE STATION

Masquerade Village

Highland Dr.

Automobile Collection
Flamingo Hilton

Winnick Av.

Albert Av.

Bourbon Street

Maxim

Gold Coast

Caesar's Palace

Barbary Coast

East Flamir

West Flamingo Road
East Flamingo Road

Palms

Bally's Las Vegas

BALLY'S & PARIS STATION

Bellagio

Paris-Las Vegas

Days Inn Town Hall

Union Pacific

Cavaretta Court
Polaris Av.

Business Ln.

Planet Hollywood

West Harmon Av.
West Harmon Av.

East Harmon Av.

City Center
(opening 2010)

Harley Travellodge South Strip

Signature

West Naples Dr.

Monte Carlo

Grand Garden Arena

West Tompkins Av.
West Tompkins Av.

Polo Towers

Showcase Mall

Rue de Monte Carlo

Wild Wild West
Palm Center Dr.

New York-New York

MGM Grand Lion Habitat

MGM GRAND STAT

West Tropicana Avenue
East Tropicana

Avenue

America Best Value In

Howard Johnson

EXCALIBUR STATION

Tropicana
San Remo

ington Way

Tropicana Wash

rayle Res.

116

114

South Valley View Boulevard

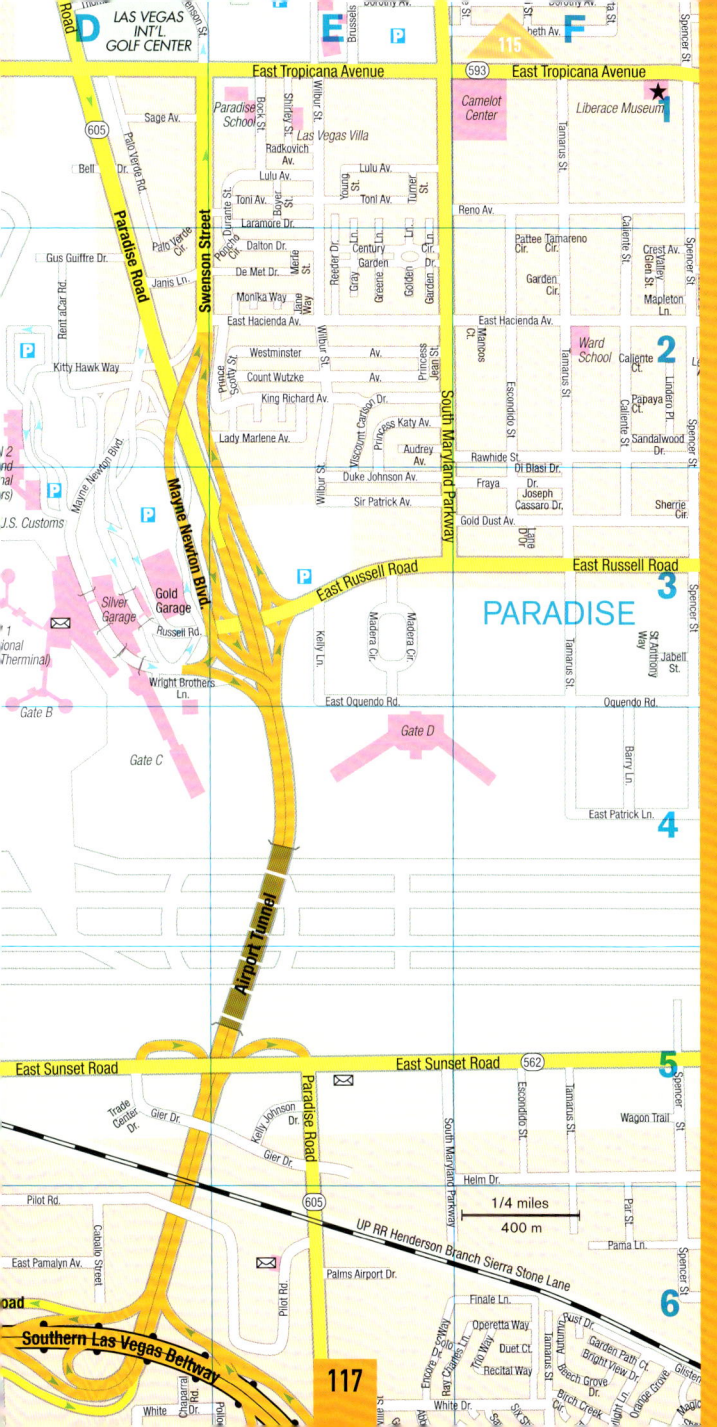

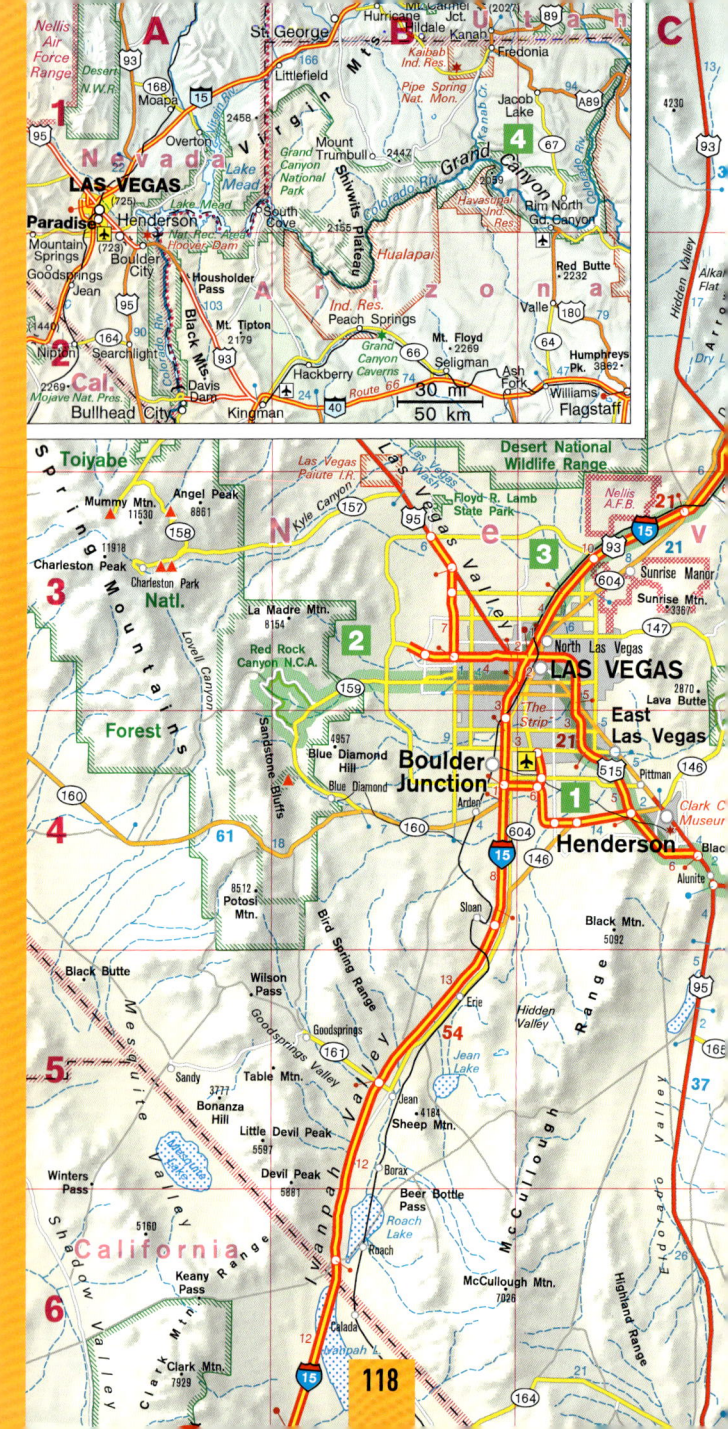

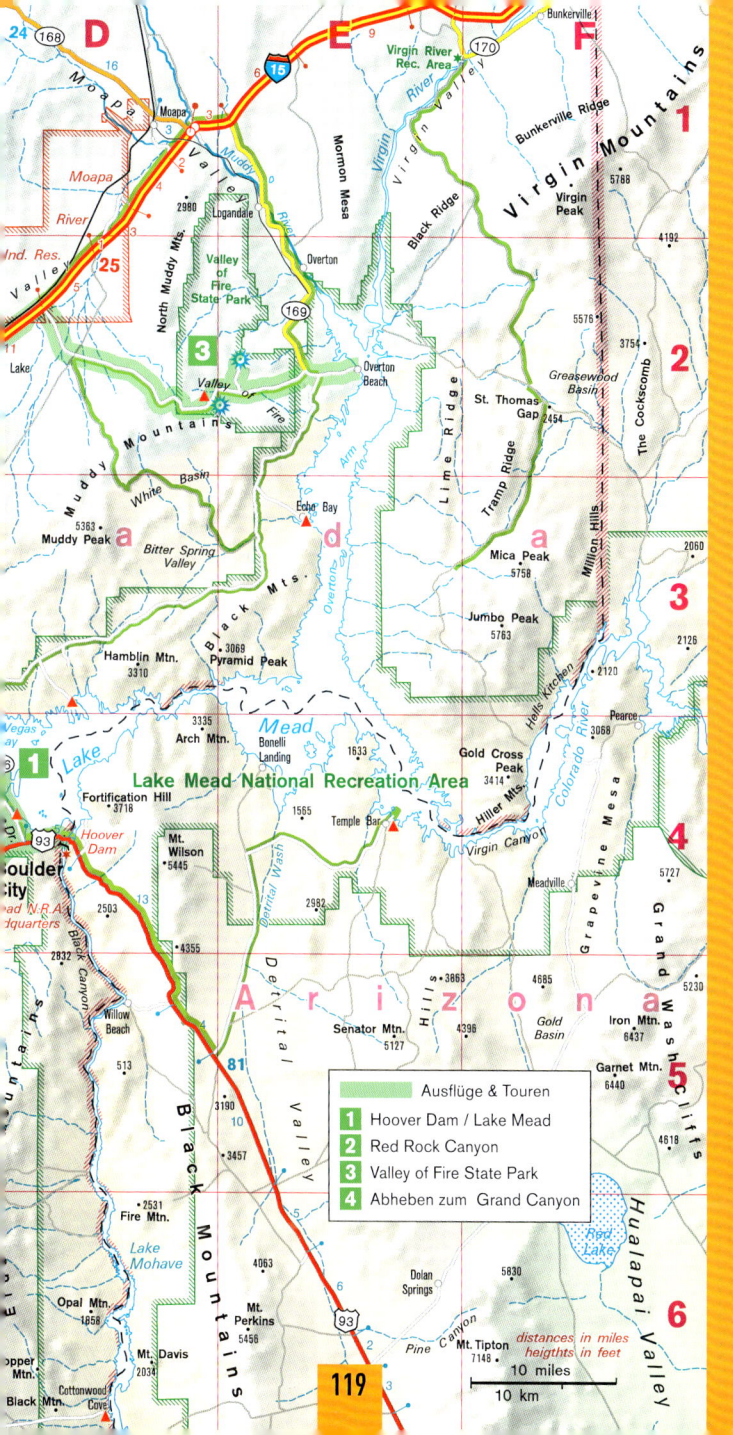

D | **E** | **F**

24 (168) 16

Virgin River Rec. Area

Bunkerville

170

Moapa

15

6

Bunkerville Ridge

Virgin Mountains

1

Moapa

3

Muddy River

Mormon Mesa

Virgin River

Black Ridge

Virgin Valley

5766

Virgin Peak

Moapa River

4192

2980

Logandale

Ind. Res.

25

North Muddy Mts.

Valley of Fire State Park

Overton

5576

Greasewood Basin

3754

The Cockscomb

2

169

Overton Beach

St. Thomas Gap 2454

Lime Ridge

Tramp Ridge

Million Hills

5363

Valley of Fire

3

Muddy Peak

Muddy Mountains

Echo Bay

Mica Peak 5758

2060

Muddy Peak

White Basin

Bitter Spring Valley

Overton Arm

Jumbo Peak 5763

3

2126

Hamblin Mtn. 3310

3069 Pyramid Peak

Black Mts.

Hells Kitchen

2120

Colorado River

Pearce

3335

Arch Mtn.

Lake **Mead**

Bonelli Landing

1633

Gold Cross Peak 3414

3066

4

Vegas ay

1 Lake

Lake Mead National Recreation Area

Fortification Hill 3716

1555

Hiller Mts.

Grapevine Mesa

Temple Bar

Virgin Canyon

Hoover Dam

Mt. Wilson 5445

Grand Wash Cliffs

5727

Boulder City

N.R.A. dquarters

93

2503

13

2982

Meadville

Arizona

a

5230

4355

2632

Black Canyon

Willow Beach

Detrital Valley

Hills

3863

4685

Gold Basin

Iron Mtn. 5637

5

4618

513

81

Senator Mtn. 5127

4398

Garnet Mtn. 6440

3190

10

Mountains

Ausflüge & Touren

1 Hoover Dam / Lake Mead

2 Red Rock Canyon

3 Valley of Fire State Park

4 Abheben zum Grand Canyon

3457

2531 Fire Mtn.

Lake Mohave

4063

Dolan Springs

5830

Red Lake

Hualapai Valley

6

Opal Mtn. 1858

Mt. Perkins 5456

93

Pine Canyon

Mt. Tipton 7148

distances in miles heigths in feet

Mt. Davis 2034

2

10 miles

Black Mtn.

Cottonwood Cove

119

10 km

1–16

1st Street **113/D3-E1**
3rd Place **113/D4**
3rd Street **113/D4-E1**
4th Street **113/D4-E1**
5th Street **113/E4-E5**
6th Street **113/E5-F1**
7th Street **113/E5-F1**
8th Place **113/E3-E5**
8th Street **113/E5-F1**
9th Street **113/E4-F2**
10th Street **113/E5-F1**
11th Street **113/F1-F5**
12th Street **113/F1**
13th Street **113/F2-F4**
14th Street **113/F2-F5**
15th Street **113/F2-F5**
16th Street **113/F3-F5**

A

Airport Tunnel **117/E4-E5**
Albert Avenue **114/E4**
Alcoa Avenue **112/A5**
Aldebaran Avenue **114/A2-A5**
Alhambra Drive **113/E5**
Ali Baba Lane, East **116/B1-B2**
Alta Drive **112/A2–113/D2**
Arby Avenue, East
  116/B6–117/D6
Arby Avenue, West **116/A6**
Arnold Street **112/B2**
Ashby Avenue **112/A3**
Astoria Pines Circle **112/A2**
Audrie Street **114/C4-C5**
Autumn Rust Drive **117/F6**
Avalon Avenue **112/A1**

B

Baltimore Avenue **112/C5**
Bannie Avenue **112/B4-C4**
Barry Lane **117/F4**
Beach Grove Drive **117/F6**
Bel Air Drive **115/E2-F2**
Beverly Way **113/E5**
Biltmore Drive **113/E1**
Birch Street **112/B4-B5**
Bonanza Road, East **113/F1**
Bonanza Road, West
  112/B1–113/E1
Bonanza Way **113/E1-F1**
Bonita Avenue **113/D5-F5**
Bonneville Avenue **113/D2-F3**
Bonnie Brae Avenue **112/B4**
Boston Avenue **112/C5**
Boulder Avenue **113/D3**
Bracken Avenue **113/D4-F4**
Bridge Street, South **112/B5-C5**
Bridger Avenue **113/E2-F3**
Bright View Drive **117/F6**
Brussels Street **115/F6**
Bryant Avenue **112/A4**
Bryn Mawr Avenue
  112/B4-B5
Buehler Drive **112/B3-B4**
Burbank Avenue **114/C3**
Burton Avenue **112/A4**

C

Caballo Street **117/D6**
Cahlan Drive **112/A3-A4**
Calanda Court **112/A5**
Calcaterra Circle **115/E4**
Caliente Street **117/F1-F3**
California Street **113/D3**
Calle de Espana **112/A4-A5**

Calle de Laredo **112/A5**
Calle de Nuevo **112/A5**
Cambridge Street **115/F2-F4**
Campbell Circle **112/A2**
Campbell Drive **112/A2-A4**
Canosa Avenue **113/D5-F5**
Canyon Drive **112/A2**
Carson Avenue **113/E2-F3**
Casino Center Boulevard **113/D4-E1**
Cassella Drive **115/D3-E3**
Cathedral Way **114/C2**
Center Street **112/B2**
Central Park Circle **114/C3–115/D3**
Central Park Drive **115/D3**
Century Circle **117/E2**
Channel 8 Drive **115/D2**
Chapman Drive **113/F4-F5**
Charleston Boulevard, East
  112/C3–113/F3
Charleston Boulevard, West **112/A3-C3**
Charlotte Drive **115/D4-D5**
Charmast Lane **112/C4**
Chicago Avenue **112/C4–113/D4**
Cholla Way **113/E3**
Cincinnati Avenue **112/C5**
Cinder Lane **114/A3**
Circus Circus Avenue **114/C1–115/D1**
Clark Avenue **113/F2-F3**
Claymont Street **115/F4-F5**
Cleveland Avenue **112/C5**
Colanthe Avenue **112/A4**
Colorado Avenue **113/D4**
Colorado Avenue, West **112/C4–113/D4**
Commerce Street **113/D2-D5**
Convention Center Drive
  114/C2–115/D2
Coolidge Avenue **113/D3**
Corporate Drive **115/D4**
Cottage Grove Avenue **115/F5**
Count Wutzke Avenue **117/E2**
Country Club Lane **115/D2-D3**
Crescent Drive **112/B4**

D

Daisy Street **115/E3-E4**
Dalmatian Lane **112/B1-B2**
Dalton Drive **117/E2**
De Met Drive **117/E2**
De Osma Street **112/B5**
Deauville Street **112/B2**
Debbie Reynolds Avenue **115/D2**
Debbie Way **114/C6**
Deckow Lane **114/C5**
Delfern Lane **115/E3**
Desert Inn Road, East **114/C2–115/F2**
Desert Inn Road, West **114/A2-C2**
Desert Lane **112/C2-C3**
Desert View Street **112/A1-A2**
Discovery Drive **113/D2**
Dorothy Avenue **115/F6**
Driftwood Drive **112/A2-B2**
Duke Ellington Way **116/B1**
Duke Johnson Avenue **117/E3**
Dumont Boulevard **115/F3**
Durante Street **117/E1-E2**

E

Eaton Drive **112/A4**
Edgewood Avenue **112/B4**
Edison Circle **115/D3-E3**
El Camino Avenue **112/B5**
El Centro Place **113/D5**
Elm Drive **115/D3-E3**
Encanto Road **113/F1**
Encore Way **117/E6**
Ensworth Street **116/A5**
Escondido Street **117/F1-F2**

F

Fairfield Avenue **112/C4**
Fashion Show Drive **114/B3-C2**
Fernwood Lane **115/E3**
Finale Lane **117/F6**
Flamingo Road, East **114/B4–115/F4**
Flamingo Road, West **114/A4**
Francis Avenue **113/E3-F3**
Frank Sinatra Drive **114/B4-B6**
Franklin Avenue **113/E4-F4**
Fraya Drive **117/F2**
Fredda Street **115/D4-D5**
Fredrika Drive **115/E4**
Fremont Street **113/E1-F2**
Fulano Way **112/A5-B5**

G

Garces Avenue **113/D2-E3**
Garden Drive **117/E3**
Garden Lane **117/E1-E2**
Garden Path Court **117/F6**
Gass Street **113/D3-E3**
George Crockett Road
  116/B6–117/D6
Gier Drive **117/D5-E5**
Giles Street **116/B1-B2**
Gilespie Street **116/C5-C6**
Gilmary Avenue **112/A4**
Glen Heather Way **112/B5**
Gold Dust Avenue **117/F3**
Golden Lane **117/E1-E2**
Goldring Avenue **112/B1-C1**
Grand Central Parkway
  112/C3–113/D1
Granite Avenue **112/B1-C1**
Gray Lane **115/E1-E2**
Green Lawn Lane **114/C3–115/D3**
Greene Lane **117/E1-E2**
Griffith Avenue **113/E4-F4**
Gym Drive **115/F5-F6**

H

Hacienda Avenue East
  116/B2–117/F2
Harmon Avenue, East
  114/B5–115/F5
Harmon Avenue, West **114/A5-B5**
Hassett Avenue **113/E4**
Hastings Avenue **112/C3**
Haven Street **116/B2-B3**
Hazelwood Street **115/E3-E4**
Hidden Well Road **116/B6–117/D6**
Highland Avenue **112/C4-C5**
Highland Drive **112/C5–114/B2**
Hillside Place **114/A4-B3**
Hoover Avenue **113/D3-E3**
Houssels Avenue **113/D4**
Howard Avenue **112/E4-E5**
Howard Hughes Parkway
  115/D3-D4
Hughes Center Circle **115/D4**

I

Imperial Avenue **112/C4–113/D4**
Industrial Road **112/C4–116/A6**
Inverness Avenue **112/B5**
Iron Horse Court **112/C3–113/D3**
Island Street **115/D6**
Island Way **116/B1**
Ivanhoe Way **112/B4-B5**

J

Jamestown Way **114/B1**
Janis Lane **117/D2**
Jessica Avenue **113/E4-F4**

Joe W. Brown Drive 115/E1-E2
Joshua Way 113/F3

K

Katie Avenue 115/F3
Kelly Johnson Drive 117/E5
Kelly Lane 117/E3
Kendale Street 113/E5-E6
Kenyon Place 112/C1
King Richard Avenue 117/E2
Kings Way 112/A4-B4
Kirkland Avenue 112/B5
Kitty Hawk Way 117/D2
Koval Lane 114/C3-116/B2

L

La Cienega Street 117/D6
La Mar Circle 115/D5-D6
La Solana Way 112/A4-B4
Lady Marlene Avenue 117/E2
Lana Avenue 114/C5-115/D5
Lantern Lane 112/A1
Laramore Drive 117/E1
Las Vegas Boulevard North
   113/F1
Las Vegas Boulevard South
   113/E1-116/B6
Lewis Avenue 113/D2-F3
Lindero Place 117/F2
Llewellyn Drive 112/B4
Loch Lomond Way 112/B4-B5
Lourdes Avenue 112/A5-B5
Lulu Avenue 117/E1
Luxor Drive 116/A1-A2
Lynnwood Street 113/D5-D6

M

Madera Circle 117/E3
Main Street, North 113/E1
Main Street, South 113/D5-E1
Mandalay Bay Road 116/A2
Manhattan Street 113/D3-D4
Manzanita Way 113/F3
Mark Avenue 115/E3
Maroney Avenue 113/F5
Martin Avenue, East 116/C6
Martin Avenue, West 116/C6-117/D6
Martin L. King Boulevard, South
   112/C1-C4
Maryland Parkway, North 113/F1-F2
Maryland Parkway, South
   113/F2-117/E6
Mason Avenue 112/A4-B4
Mayne Newton Boulevard 117/D2-D3
Meade Avenue 114/A1-B1
Merritt Avenue 112/A5
Mesquite Avenue 112/A1-113/F2
Milo Way 114/A1-B1
Monika Way 117/E2
Monterey Circle 115/D5-D6
Montrose Street 112/B1-B2

N

Naples Drive, East 115/D5-E5
New York Avenue 112/C4-113/D4
Norman Avenue 113/E4-F4
Northbridge Street 112/C5
Northtrop Avenue 115/E4

O

Oakbrook Lane 115/E3
Oakey Boulevard, East 113/D4-F4
Oakey Boulevard, West 112/A4-C4
Oakmont Avenue 115/E1
Oakmont Drive 115/E1-F1
Oakmont Place 115/E1
Ogden Avenue 113/E1-F2
Operetta Way 117/F6
Oquendo Road, East 117/E3-F3
Oquendo Road, West 117/B3

Oran K. Gragson Highway
   112/A1-113/F2
Ormsby Street 112/C4

P

Palma Vista Avenue 117/F6
Palms Airport Drive 117/E6
Palo Verde Road 117/D1-D2
Palomino Lane 112/A3-B3
Palos Verde Street 115/E3-E4
Pamalyn Avenue, East 117/D6
Pamalyn Lane 116/C6
Paradise Road 113/D5-117/E6
Pardee Place 113/F5
Park Circle 113/F5
Park Paseo 113/D4-E3
Park Way East 112/B2
Park Way North 112/B2
Park Way West 112/B2
Paseo del Prado 112/A5
Patrick Lane, A701East 117/F4
Pershing Avenues 114/B3
Philadelphia Avenue 112/C5-113/D5
Phillips Avenue 113/F5
Pilot Road 117/D5-E6
Pine Street 112/B4
Pinehurst Drive 115/F1-F2
Pinks Place 114/A2
Pinto Lane 112/A2-C2
Placid Street 116/C6
Plaza de Monte 112/A5
Polaris Avenue 114/A2-A6
Post Road 116/A5
Princess Katy Avenue 117/E2
Procyon Avenue 114/A5-A6
Procyon Street 114/A2-A3

Q

Queens Courtyard Drive 115/E1

R

Radkovich Avenue 117/E1
Rancho Bel Air Drive 112/A1-B1
Rancho Circle 112/A2-B2
Rancho Drive, North 112/B1
Rancho Drive, South 112/B1-114/B1
Rancho Lane 112/B3
Rawhide Street 117/F2
Ray Charles Lane 117/E6-F6
Reeder Drive 117/E1-E2
Reno Avenue 117/F1
Reno Avenue, East 116/A1-C1
Rent aCar Road 117/D2
Rexford Drive 113/D4-D5
Rexford Place 113/D4
Richfield Boulevard 112/A5-A6
Rigel Avenue 114/B1
Riviera Boulevard 115/D1
Rochelle Avenue 114/C5-115/D5
Rolling Green Drive 115/E3
Rome Street 113/F5
Rosemary Lane 112/A1-A2
Roseville Way 112/A6
Royal Crest Circle 115/F3
Royal Crest Street 115/E3-E4
Rue de Monte Carlo 114/B6
Russell Road 117/D3
Russell Road, West 116/A3
Ryan Avenue 117/E3-F3

S

Sadie Street 115/D5
Sage Avenue 117/D1
Sahara Annex Street 112/A5
Sahara Avenue, East 113/D5-F5
Sahara Avenue, West 112/A5-113/D5
Salton Street 115/D5
San Pablo Drive 113/D5-F5
Sands Avenue 114/C3-115/D3
Santa Clara Drive 113/D5

Santa Paula Drive 113/D4-D5
Santa Rita Drive 113/D5
Santa Ynez Drive 113/D5
Serafina Street 112/A4
Shadow Lane 112/C1-C4
Sherman Place 112/B3
Sherwood Street 113/E5-E6
Shetland Road 112/A2-A3
Sidonia Avenue 112/A5-B5
Sierra Vista Drive 115/D2-F2
Silver Avenue 112/B4-C4
Sir Patrick Avenue 117/E3
Sirius Avenue 112/A2-B2
South Las Vegas Beltway
   116/A6-117/F6
Spencer Street 117/F1-F6
Spring Mountain Road 114/A3-C3
St Louis Avenue 112/C5
Stardust Road 114/B2-C2
Stewart Avenue 113/E1-F2
Strong Drive 112/B3-B4
Sunland Avenue 112/B2-C2
Sunset Road, East 116/A5-F5
Sweeney Avenue 113/E4-F4
Swenson Street 115/E2-117/D2

T

Tam Drive 112/C5
Tam O'Shanter 113/D6-E6
Tamarus Street 116/F1-F6
Teco Avenue 116/A5
Thomas & Mack Drive 115/E6
Tompkins Avenue, East 114/C6-115/D6
Tompkins Avenue, West 114/A6-B6
Toni Avenue 117/E1
Tonopah Drive 112/B2-B3
Trona Street 112/A6
Tropicana Avenue, East 114/B6-
   117/F1
Tropicana Avenue, West 114/A6
Twain Avenue, A950 East 115/D3-F3
Twain Avenue, West 114/A3

U

University Road 115/F6
Utah Avenue, East 113/D4
Utah Avenue, West 112/C4-113/D4

V

Valerie Street 112/B2-B3
Valley View Boulevard, South
   114/A4-A6
Van Patten Drive 113/D5
Vegas Valley Drive 113/F6-115/F1
Veterans Mem. Drive 113/E1-F2
Viking Road 114/A3-115/E4
Villa de Conde Way 112/B4-B5
Visby Lane 117/E4
Viscount Carlson Drive 117/E2

W

Waldman Avenue 112/B4-C4
Weldon Place 113/D5
Wengert Avenue 113/E4-F4
Westchester Drive 114/C4-115/D4
Western Avenue 112/C3-114/B2
Westlund Drive 112/B5
Westminster Avenue 117/E2
Westwood Drive 112/B3-114/B2
White Drive 117/D6-F6
Wilbur Street 117/E6-E3
Willow Green Drive 115/E3
Wimbledon Drive 112/A1-B1
Windjammer Way 112/A1-B2
Windy Road 116/A5
Woodley Street 112/B1-B2
Wright Brothers Lane 117/D3
Wyandotte Street 112/A6
Wyoming Avenue, West
   112/C4-113/D4

★ Sehenswürdigkeit / Point of interest / Curiosité / Curiosità / Curiosidad	✈ Int. Flughafen / Int'l. Airport / Aéroport int. / Aeroporto int. / Aeropuerto int.	●— Monorail / Monorail / Monorail / Monorail / Monorail
Ṁ Museum / Museum / Musée / Museo / Museo	✈ Flugplatz / Airfield / Aérodrome / Aerodromo / Aeródromo	Ⱥ Denkmal / Monument / Monument / Monumento / Monumento
Theater / Theater / Théâtre / Teatro / Teatro	🚎 Busbahnhof / Bus station / Station d'autobus / Stazione autolinee / Estación de autobuses	✝ Kirche / Church / Église / Chiesa / Iglesia
Kino / Cinema / Cinéma / Cinema / Cine	🅿 Parkplatz / Car park / Parking / Parcheggio / Aparcamiento de varios pisos	🅰 Campingplatz / Camping site / Terrain de camping / Campeggio / Camping
Turm / Tower / Tour / Torre / Torre	✉ Postamt / Post office / Poste / Posta / Oficina de correos	Bemerkenswertes Geb. / Notable building / Édifice remarquable / Edificio notevole / Edificio notable
ⓘ Information / Information / Informations / Informazione / Información	✚ Krankenhaus / Hospital / Hôpital / Ospedale / Hospital	Öffentliche Gebäude / Public buildings / Édifice public / Edificio pubblico / Edificio público
📖 Bibliothek / Library / Bibliothèque / Biblioteca / Biblioteca	✿ Polizei / Police / Police / Polizia / Policía	Einkaufszentrum / Shopping center / Centre commercial / Centro commerciale / Centro comercial
⛳ Golf / Golf / Golf / Golf / Golf	◄ Einbahnstraße / One-way road / Rue à sens unique / Strada a senso unico / Calle de sentido único	Hotel / Hotel / Hôtel / Albergo / Hotel

FÜR IHRE NÄCHSTE REISE

gibt es folgende MARCO POLO Titel:

DEUTSCHLAND
Allgäu
Amrum/Föhr
Bayerischer Wald
Berlin
Bodensee
Chiemgau/Berchtes-
 gadener Land
Dresden/Sächsische
 Schweiz
Düsseldorf
Eifel
Erzgebirge/Vogtland
Franken
Frankfurt
Hamburg
Harz
Heidelberg
Köln
Lausitz/Spreewald/
 Zittauer Gebirge
Leipzig
Lüneburger Heide/
 Wendland
Mark Brandenburg
Mecklenburgische
 Seenplatte
Mosel
München
Nordseeküste
 Schleswig-
 Holstein
Oberbayern
Ostfriesische Inseln
Ostfriesland/
 Nordseeküste
 Niedersachsen/
 Helgoland
Ostseeküste
 Mecklenburg-
 Vorpommern
Ostseeküste
 Schleswig-
 Holstein
Pfalz
Potsdam
Rheingau/
 Wiesbaden
Rügen/Hiddensee/
 Stralsund
Ruhrgebiet
Schwäbische Alb
Schwarzwald
Stuttgart
Sylt
Thüringen
Usedom
Weimar

ÖSTERREICH | SCHWEIZ
Berner Oberland/
 Bern
Kärnten
Österreich
Salzburger Land
Schweiz
Tessin
Tirol
Wien
Zürich

FRANKREICH
Bretagne
Burgund
Côte d'Azur/Monaco
Elsass
Frankreich
Französische
 Atlantikküste
Korsika
Languedoc-Roussillon
Loire-Tal
Nizza/Antibes/Cannes/
 Monaco
Normandie
Paris
Provence

ITALIEN | MALTA
Apulien
Capri
Dolomiten
Elba/Toskanischer
 Archipel
Emilia-Romagna
Florenz
Gardasee
Golf von Neapel
Ischia
Italien
Italienische Adria
Italien Nord
Italien Süd
Kalabrien
Ligurien/
 Cinque Terre
Mailand/Lombardei
Malta/Gozo
Oberital. Seen
Piemont/Turin
Rom
Sardinien
Sizilien/
 Liparische Inseln
Südtirol
Toskana
Umbrien
Venedig
Venetien/Friaul

SPANIEN | PORTUGAL
Algarve
Andalusien
Barcelona
Baskenland/Bilbao
Costa Blanca
Costa Brava
Costa del Sol/Granada
Fuerteventura
Gran Canaria
Ibiza/Formentera
Jakobsweg/Spanien
La Gomera/El Hierro
Lanzarote
La Palma
Lissabon
Madeira
Madrid
Mallorca
Menorca
Portugal
Sevilla
Spanien
Teneriffa

NORDEUROPA
Bornholm
Dänemark
Finnland
Island
Kopenhagen
Norwegen
Schweden
Stockholm
Südschweden

WESTEUROPA | BENELUX
Amsterdam
Brüssel
Dublin
England
Flandern
Irland
Kanalinseln
London
Luxemburg
Niederlande
Niederländische
 Küste
Schottland
Südengland

OSTEUROPA
Baltikum
Budapest
Estland
Kaliningrader Gebiet
Lettland
Litauen/Kurische
 Nehrung
Masurische Seen
Moskau
Plattensee
Polen
Polnische Ostsee-
 küste/Danzig
Prag
Riesengebirge
Russland
Slowakei
St. Petersburg
Tallinn
Tschechien
Ungarn
Warschau

SÜDOSTEUROPA
Bulgarien
Bulgarische
 Schwarzmeerküste
Kroatische Küste/
 Dalmatien
Kroatische Küste/
 Istrien/Kvarner
Montenegro
Rumänien
Slowenien

GRIECHENLAND | TÜRKEI | ZYPERN
Athen
Chalkidiki
Griechenland
 Festland
Griechische
 Inseln/Ägäis
Istanbul
Korfu
Kos
Kreta
Peloponnes
Rhodos
Samos
Santorin
Türkei
Türkische Südküste
Türkische Westküste
Zakinthos
Zypern

NORDAMERIKA
Alaska
Chicago und
 die Großen Seen
Florida
Hawaii
Kalifornien
Kanada
Kanada Ost
Kanada West
Las Vegas
Los Angeles
New York
San Francisco
USA
USA Neuengland/
 Long Island
USA Ost
USA Südstaaten/
 New Orleans
USA Südwest
USA West
Washington D.C.

MITTEL- UND SÜDAMERIKA
Argentinien
Brasilien
Chile
Costa Rica
Dominikanische
 Republik
Jamaika
Karibik/
 Große Antillen
Karibik/
 Kleine Antillen
Kuba
Mexiko
Peru/Bolivien
Venezuela
Yucatán

AFRIKA | VORDERER ORIENT
Ägypten
Djerba/
 Südtunesien
Dubai/Vereinigte
 Arabische Emirate
Israel
Jerusalem
Jordanien
Kapstadt/
 Wine Lands/
 Garden Route
Kapverdische Inseln
Kenia
Marokko
Namibia
Qatar/Bahrain/Kuwait
Rotes Meer/Sinai
Südafrika
Tunesien

ASIEN
Bali/Lombok
Bangkok
China
Hongkong/Macau
Indien
Indien/Der Süden
Japan
Ko Samui/
 Ko Phangan
Malaysia
Nepal
Peking
Philippinen
Phuket
Rajasthan
Shanghai
Singapur
Sri Lanka
Thailand
Tokio
Vietnam

INDISCHER OZEAN | PAZIFIK
Australien
Malediven
Mauritius
Neuseeland
Seychellen
Südsee

REGISTER

In diesem Register sind alle im Reiseführer erwähnten Attraktionen, Hotels, Restaurants und Hochzeitskapellen aufgeführt. Halbfette Seitenzahlen verweisen auf den Haupteintrag.

Adventuredome 83
Alexis Park 77
Alizé **48**, 44
America's Best Value Inn 81
André's 44
Aquaknox 49
Atomic Testing Museum 41
Aureole 48
Auto Collections at the Imperial Palace 30
Bally's 77
Bellagio 30, **76**, 17, 28, 47, 48, 50, 52, 71
Bellagio Gallery of Fine Art 24
Best Western Mardi Gras Inn 79
Big Shot 37
Bodies... The Exhibition 26
Bootlegger Bistro 53
Bouchon 50
Bougainvillea 53
Boulder City 95
Boulder Dam 96
Caesars Palace **32**, **74**, 47, 52, 53, 54, 64, 82
Café île St. Louis 53
Calico Hills 97
Carnival World Buffet 47
Centaur Art Galleries 24, 57
China Grill 51
Circus Circus **83**, 82
City Center 26, 24, 28
Clark County Amphitheatre 21
Cortez Room 53
Courtyard Café 53
Cypress Street Marketplace 54
Desert Breeze Park 21
Desert Inn 16
Desert Rose Resort 78
Dolphin Habitat 33
Donna Beam Fine Arts Gallery 41
Dragon Noodle 54
Eiffel Tower Restaurant 48
Elton John 69
Excalibur 26, **79**, **83**, 10, 33, 82
Fall of Atlantis Fountain Show 32
Fashion Show Mall **59**, 34, 53

Festival Fountain Show 32
Flamingo Las Vegas **32**, **78**, 9, 28, 48
Fleur de Lys 50
Four Seasons 76
Fremont Street Experience **39**, 9, 20, 22
Gallery of Fine Art 31
Gold Coast 53, 80
Golden Gate **40**, 80, 55
Golden Nugget 81
Grand Canyon 99
Gun Store 41
Hard Rock Cafe 55
Hard Rock Hotel **74**, 33, 53
Harley-Davidson Cafe 55
Henderson Pavillion 21
Hills Park 20
Hilton Las Vegas 74
Hofbräuhaus 51
Hoover Dam **94**, 8, 10, 11
House of Blues 51
House of Blues Gospel Brunch 49
Ice: Direct from Russia 69
Imperial Palace 30
In Search of the Obelisk 27
Insanity – The Ride 37
Jubilée! 70
L'Atelier de Joel Robuchon 48
Lake Mead **94**, 10
Lance Burton 70
Las Vegas Art Museum 41
Las Vegas Motor Speedway 21
Le Village Buffet 49
Liberace Museum **41**, 24
Lion Habitat 28
Little Buddha Restaurant 51
LOVE 70
Luxor 26, **78**, 33, 82
Madame Tussaud's Interactive Wax Attraction 35
Main Street Station **40**, 80, 49
Mandalay Bay **75**, 29, 33, 47, 48, 49, 50, 51, 53, 82
Masquerade Show in the Sky 43
MGM Grand **28**, **75**, 10, 17, 48, 52, 82
Michael Mina 50

Mirage **33**, **75**, 17, 33, 70, 82
Mon Ami Gabi 51
Monte Carlo **78**, 44, 55, 70
Motel 6 81
Moulin Rouge 19
Mr. Lucky's 53
Mystère – Cirque du Soleil 71
Nascar Entertainment Center 36
Neil Leifer Gallery 32
New York-New York **28**, **79**, 47, 71, 82
O – Cirque du Soleil 71
Old Nevada 97
Orleans 81, 33
Overton Beach 98
Palms 44, 48, 51
Paris Las Vegas **33**, **75**, 28, 48, 49, 51, 53, 64
Penske Wynn Ferrari Maserati 39
Picasso 48
Planet Hollywood 52, 53
Rainforest Café 52
Red Rock Canyon 96
Rio Suites 33
Rosemary's Restaurant 50
Sahara Hotel 36
Sands 19
Sandstone Quarry 97
Scandia Family Fun Center 83
Sensi 52
Shark Reef Aquarium 29
Siegfried & Roy's Secret Garden 33
Signature **77**, 28
Skywalk 99
Snow Mountain 18
Spago 52
Speed – The Ride 36
Spring Mountain Ranch State Park 97
Springs Preserve 42
Stratosphere 36, 50, 82
SW Steakhouse 50
Terrible's **81**, 53
Test America Preview Studios 34
The Rio **43**, **76**, 48, 50
The Riviera 22, 70

The Roller Coaster 28
The Sirens of TI 34
The Venetian 35, 76, 19, 34, 50, 69
THEhotel 76
Thomas & Mack Center 21
TI Treasure Island 34, 79, 17, 33, 49, 71

Tiffany's at theWhite Cross Pharmacy 55
Titanic: The Artifact Exhibition 26
Top of the World 50
Tropicana 29, 22
Valley of Fire State Park 98
VooDoo Steak & Lounge 50

Wynn Las Vegas 38, 76, 17, 28, 50
X Scream 37
Yolös Mexican Grill 53
Zumanity – Another Side of Cirque du Soleil 71

> SCHREIBEN SIE UNS

Liebe Leserin, lieber Leser,

wir setzen alles daran, Ihnen möglichst aktuelle Informationen mit auf die Reise zu geben. Dennoch schleichen sich manchmal Fehler ein – trotz gründlicher Recherche unserer Autoren/innen. Sie haben sicherlich Verständnis, dass der Verlag dafür keine Haftung übernehmen kann.

Wir freuen uns aber, wenn Sie uns schreiben.

Senden Sie Ihre Post an die MARCO POLO Redaktion, MAIRDUMONT, Postfach 3151, 73751 Ostfildern, info@marcopolo.de

IMPRESSUM

Titelbild: Neonlichter, Cowboy (Corbis: Kevin Burke)
Fotos: Air Raid Anthem: Fred Morledge (12 u.); Corbis: K. Burke (1); W. Dieterich (U. l., U. M., U. r., 2 l., 2 r., 3 M., 3 r., 4 l., 4 r., 5, 22/23, 26, 29, 30, 32, 34, 35, 36, 38, 40, 43, 44/45, 46, 49, 52, 55, 56/57, 58, 60, 62/63, 64, 66, 67, 68, 71, 72/73, 79, 80, 82, 82/83, 83, 89, 91, 110/111); DPA/Picture Alliance (99); FAN travelstock: Rufenach (84/85); R. M. Gill (20/21); HB Verlag: Frischmuth (3 l., 6/7, 51, 70, 74, 86, 87, 97), Leue (21 r.); IFA Bilderteam: Arnold Images (9), international Stock (20), Jupiterimages (18); Ivan Kane's Forty Deuce Nightclub at Mandalay Bay – MGM Mirage (15 o.); © iStockphoto.com: Jan Couver (93 M. l.), Dalibor Danilovic (15 M.), Paul Erickson (13 u.), Stephen Heaton (92 M. r.), Svetlana Larina (93 u.r.), Valerie Loiseleux (92 M. l.), Shaun Lowe (15 u.), Devan Muir (92 o. l.), Dan Schott (92 u. r.), Wally Stemberger (93 o. l.); Jennifer Main Gallery (14 u.); Look: Fleisher (10/11); Mauritius: Foodpix (54), Isu Images (94/95), Weber (16/17); Papillon Grand Canyon Helicopters: Tomas Muscionico (93 M. r.); Renaissance Las Vegas Hotel (13 o.); Mike Snedegar (12 o.); S. Stamer (126); WYNN LAS VEGAS: Barbara Kraft (14 o.)

3., aktualisierte Auflage 2010
© MAIRDUMONT GmbH & Co. KG, Ostfildern
Chefredakteurin: Michaela Lienemann, Marion Zorn
Autor: Sabine Stamer, Redaktion: Marlis von Hessert-Fraatz; Programmbetreuung: Silwen Randebrock; Bildredaktion: Gabriele Forst
Szene/24h: wunder media, München
Kartografie Cityatlas: © MAIRDUMONT, D-73751 Ostfildern
Innengestaltung: Zum goldenen Hirschen, Hamburg; Titel/S. 1–3: Factor Product, München
Sprachführer: in Zusammenarbeit mit Ernst Klett Sprachen GmbH, Stuttgart, Redaktion PONS Wörterbücher

Sabine Stamer lebte bis vor Kurzem als freie Journalistin in den USA und reist mit großer Freude weiterhin regelmäßig nach Las Vegas.

Was reizt Sie an Las Vegas?

Las Vegas ist einmalig und unvergleichlich. Ein gigantischer Erlebnispark für Erwachsene mit vielseitigen Angeboten für jeden Geschmack und jedes Bedürfnis: Die Themenhotels bieten so viel zum Anschauen, es gibt wirklich originelle Bars, einzigartige Shows, hohe Kunst, Toprestaurants, die tollsten Swimmingpoollandschaften. Solch eine aufregende Mischung präsentiert keine andere Stadt – und das auch noch mitten in der Wüste.

Und was missfällt Ihnen an Las Vegas?

Na ja, tagtäglich leben möchte ich in Las Vegas nicht. Abseits des Strip, abseits der Vergnügungsviertel ist die Stadt nicht besonders attraktiv. Das Wüstenklima ist auf die Dauer sehr gewöhnungsbedürftig. Die Wasserarmut der Region bringt Einschränkungen im Alltag mit sich, und das schlechte Gewissen angesichts der Wasserverschwendung in den touristischen Zentren lässt sich wirklich nur für einen Urlaub ausschalten. Ich liebe Las Vegas eben als „Ausstieg aus der Realität".

Was genau machen Sie beruflich?

Ich bin freie Journalistin und Buchautorin. Reiseführer gehören eigentlich gar nicht zu meinem Arbeitsgebiet, aber von Las Vegas bin ich so fasziniert, dass ich unbedingt andere anstecken möchte. Denn ständig wird ein weiteres Themenhotel gebaut, gibt es tolle Attraktionen, die mich neugierig machen. So finde ich jedes Jahr einen neuen Grund, nach Las Vegas zu reisen.

Haben Sie spezielle Hobbys?

Mein wichtigstes Hobby ist die Fotografie. Und genau das trägt auch dazu bei, dass ich diese Wüstenmetropole so attraktiv finde. Das verschwenderische Geglitzer vor der Wüstenkulisse liefert sagenhafte Motive. Der Blick über das Lichtermeer mitten in der dunklen Wüste in der Dämmerung ist einfach unbeschreiblich. Ein irrer Kontrast!

Mögen Sie die Las-Vegas-Küche?

Klar mag ich blaue Pfannkuchen und Avocadocreme oder Süßkartoffeln. Aber das bekommt man ja überall in den USA. Las Vegas hat nicht wirklich eigene kulinarische Höhepunkte zu bieten, aber die Stadt bietet eine unglaubliche Ansammlung von Spitzenköchen aus aller Welt in erstklassigen Restaurants, die nicht nur den Magen, sondern mit ihrer ausgefallenen Dekoration auch das Auge bedienen. Und das ist außergewöhnlich!

10 € GUTSCHEIN
für Ihr persönliches Fotobuch*!

Gilt aus rechtlichen Gründen nur bei Kauf des Reiseführers in Deutschland und der Schweiz

SO GEHT'S: Einfach auf www.marcopolo.de/fotoservice/gutschein gehen, Wunsch-Fotobuch mit den eigenen Bildern gestalten, Bestellung abschicken und dabei Ihren Gutschein mit persönlichem Code einlösen.

Ihr persönlicher Gutschein-Code: `mpr28996u4`

> BLOSS NICHT!

Auch in Sin City gelten Regeln und Gesetze!

Die Stadt verlassen, ohne gespielt zu haben

Sie würden es Ihr Leben lang bereuen. Ganz bestimmt. Und: Wenn das alle tun würden, gäbe es Las Vegas nicht.

Einen Tisch erobern

Stürmen Sie im Restaurant nicht gleich auf den nächstbesten Tisch zu. Warten Sie am Eingang auf die Hostess, die Ihnen einen Platz zuweisen wird. Aber fragen Sie ruhig, wenn Sie lieber woanders sitzen würden.

Das Kleingedruckte übersehen

Besonders wenn Sie Touren buchen und Pakete, die verschiedene Leistungen beinhalten, sollten Sie genau wissen, was Sie gekauft haben, und was Sie erwarten dürfen. Keine Angst, Sie werden wohl nicht gleich um Tausende betrogen. Aber es ist enttäuschend, zu denken, der Hoteltransfer sei umsonst – und dann zahlen Sie plötzlich extra dafür.

Das Handy klingeln lassen

Spieler-Etikette: Absolut tabu ist es, das Handy am Spieltisch klingeln zu lassen – oder sogar noch zu antworten.

Den Ausweis vergessen

Alkohol trinken und spielen ist erst ab 21 erlaubt. Kinder und Jugendliche unter 21 dürfen sich nicht einmal im Kasino aufhalten. Wer noch nicht 18 ist, muss nach 21 Uhr auf dem Strip in Begleitung eines Erwachsenen sein (abseits vom Strip nach 22 Uhr). Manche Bars verlangen grundsätzlich einen Ausweis.

Leichtsinnig sein

Auf dem Strip und in der Fremont Street Experience haben Sie nichts zu befürchten. Aber lustwandeln Sie nicht nachts allein durch abgelegene Straßen. Gehen Sie zu zweit oder in Gruppen, wenn Sie die belebten Gegenden verlassen, oder nehmen Sie ein Taxi.

Profis stören

Dealer sind sehr hilfsbereit und weihen Unwissende gern in die Regeln und Geheimnisse des Spielens ein. Aber stellen Sie lieber keine Anfängerfragen an einem mit angespannt schwitzenden *high rollers* bepackten Spieltisch.

Verdursten

Nehmen Sie unbedingt ausreichend Trinkwasser mit, wenn Sie einen Ausflug in die Umgebung machen. Besonders im Sommer wird es so heiß, dass man sehr schnell ohne ausreichende Flüssigkeitszufuhr dehydriert.

Alkohol auf der Straße trinken

In der Hitze ein kühles Bier runterstürzen dürfen Sie – nur nicht auf der Straße. Sie dürfen nicht mal eine geschlossene Dose Bier oder Flasche Wein offen herumtragen. Alkohol muss immer verpackt sein.